**문해력 평정
천하통일
삼국지**

❹ 동남풍이 불어온다

초판 1쇄 인쇄 2024년 7월 8일
초판 1쇄 발행 2024년 7월 12일

원작 | 나관중
글 | 서지원
그림 | 송진욱
펴낸이 | 한순 이희섭
펴낸곳 | (주)도서출판 나무생각
편집 | 양미애 백모란
디자인 | 박민선
마케팅 | 이재석
출판등록 | 1999년 8월 19일 제1999-000112호
주소 | 서울특별시 마포구 월드컵로 70-4(서교동) 1F
전화 | 02)334-3339, 3308, 3361
팩스 | 02)334-3318
이메일 | book@namubook.co.kr
홈페이지 | www.namubook.co.kr
블로그 | blog.naver.com/tree3339

ISBN 979-11-6218-308-3 74820
ISBN 979-11-6218-304-5 74820(세트)

값은 뒤표지에 있습니다.
잘못된 책은 바꿔 드립니다.

*종이에 베이거나 긁히지 않도록 조심하세요.
*책 모서리가 날카로우니 던지거나 떨어뜨리지 마세요. (사용연령: 8세 이상)
*KC마크는 이 제품이 공통안전기준에 적합하였음을 의미합니다.

나관중 원작 | 서지원 글 | 송진욱 그림

문해력 평정
천하통일 삼국지

4 동남풍이 불어온다

차례

제21장
유비를 없애려는 조조 7

제22장
조운의 충심 25

제23장
장판교를 불사른 장비 39

제24장
호랑이굴에 들어간 제갈량 59

제25장
주유의 위험한 계략 65

제26장
적벽대전 79

제27장
**네 개의 군을
차지한 유비** 103

제28장
**주유의 가슴에
꽂힌 화살** 117

제29장
방통의 지혜 131

제30장
천하삼분지계 153

문해력 꼭꼭 174

제21장

유비를
없애려는
조조

　유비가 머무는 신야성은 분위기가 뒤숭숭했어. 조조의 명을 받은 하후돈*이 10만 대군을 이끌고 신야성으로 쳐들어온다는 소식 때문이었지. 유비의 군사는 5천 명에 불과해 스무 배나 되는 10만 대군을 막아 낼 방법이 없었던 거야.

　유비는 제갈량과 관우, 장비, 조운 등 장수들을 모두 불러 작전 회의를 시작했어.

　"제갈 군사**의 명령이 곧 내 명령이다. 거역하는 자는 가만두지 않을 것이다!"

　유비는 제갈량에게 자신의 칼을 내주면서 장수들에게 무조건 제갈량의 작전을 따르라고 했어. 그러나 관우와 장비 등 부하 장수들의 표정이

★ 조조의 충성스럽고 강직한 장수로, 조조와 함께 수레에 탈 정도로 신임을 받았다.
★★ 군을 통솔하는 사령관 밑에서 군의 기강을 잡고, 군대를 운용하며 군사 작전을 짜던 사람.

시큰둥했어. 오랫동안 전쟁터를 누빈 백전의 장수들이 제갈량을 믿지 못하는 것도 그럴 만했어. 사실 제갈량은 스물일곱 살밖에 안 된 젊은이였고, 전쟁 경험이 단 한 차례도 없었기 때문이야. 제갈량의 능력을 믿는 사람은 오로지 유비밖에 없었어. 유비는 마치 스승을 대하듯 제갈량을 극진히 떠받들었어.

"칫, 큰형님이 저 어린 애송이 녀석을 선생님, 선생님 하면서 존경하고 깍듯하게 대하는 이유가 뭔지를 모르겠단 말이지."

장비의 말에 관우는 제갈량에 대한 평가는 나중에 해도 되는 일이니 일단 말을 들어나 보자고 했어.

제갈량은 지도의 한쪽을 가리키며 입을 열었어.

"전투는 지리를 잘 알면 이깁니다. 이곳이 제가 선택한 장소인 박망파 계곡입니다. 왼편에 예산이 있고, 오른편에 안림 숲이 있습니다. 우리 군사들이 조조 군 10만 명을 상대로 승리를 거두는 곳이 될 것입니다."

제갈량은 관우를 바라보며 작전 지시를 했어.

"관 장군은 군사 1,500명을 이끌고 박망파의 왼쪽인 예산에 매복해 있다가 적이 반쯤 통과했을 때 뒤에서 그들을 공격하십시오. 관 장군이 해야 할 일은 적의 식량을 모조리 불태우는 것입니다."

관우는 제갈량의 작전이 그럴싸하다고 생각했지만 완전히 믿지는 못했어.

'머릿수 차이가 큰데 말처럼 그렇게 쉽게 될까?'

제갈량은 장비에게도 이어서 작전 지시를 했어.

"장 장군은 1,500명의 군사로 오른쪽의 안림에 숨어 있다가 남쪽에서 불길이 오르면 지체하지 말고 곧바로 적의 허리를 치십시오."

"그렇게 한다고 수많은 적을 물리칠 수 있겠소?"

장비가 의심스러운 표정으로 물었어.

제갈량은 대답하는 대신 관우의 양아들인 관평과 유비의 양아들인 유봉에게 말했어.

"관평과 유봉은 각기 군사 500명을 이끌고 가되, 유황, 염초로 박망파 양쪽에 불을 놓아 적군을 불로 덮어 버리십시오."

"저는 무엇을 합니까?"

조운이 물었어.

"조 장군은 선봉을 맡아 주십시오. 그러나 싸우지는 마십시오. 장군의 임무는 짐짓 지는 척하면서 적을 유인해 박망파로 끌어들이는 것입니다. 조 장군이 달아나면 조조 군은 신이 나 달려들 것입니다."

"알겠습니다!"

한편 하후돈은 10만 명이라는 수만 믿고 유비를 얕잡아 봤어.

"하핫, 유비가 고작 5천 명밖에 안 되는 군사를 가지고 무엇을 할 수 있겠느냐? 당장 우리에게 항복하면 목숨은 살려 주겠다고 해라."

하후돈은 정면으로 쳐들어오는 조운의 군사를 보고 비웃었어. 몇백 명밖에 되지 않았으니까. 조운은 도망치는 척 박망파 계곡으로 들어갔어.

전투는 제갈량의 작전대로 실행되었어. 불화살이 쏟아지며 숲에 불이 나자 하후돈의 군사들은 불바다에 갇혀 버렸어. 도망치던 조운이 돌아서서 공격하고 숨어 있던 관우, 장비가 군사를 이끌고 기습했지. 하후돈의 군사들은 제갈량의 작전으로 거미줄에 걸린 나비처럼 꼼짝도 하지 못하는 신세가 되고 말았어.

"후퇴다! 후퇴하라!"

하룻밤 사이에 조조 군 10만 명은 거의 불에 타 죽고 말았어. 하후돈은 우금, 이전과 함께 간신히 목숨만 구해 도망쳤지.

"제갈 군사, 저희의 아둔함을 용서해 주십시오. 작전대로 적들을 물리쳤습니다."

그날 이후, 관우와 장비는 물론이고 모든 장수들이 진심으로 제갈량을 존경하며 따르게 되었어. 제갈량은 머리를 조아리며 용서를 비는 장수들을 향해 슬쩍 미소를 지었지. 이렇게 제갈량의 첫 출진은 대승으로 끝났어.

하후돈의 패전 보고를 들은 조조는 화가 나서 참을 수가 없었어.

"오냐, 두고 보자! 이번에는 내가 직접 나가서 유비의 목을 치겠다!"

조조는 무려 50만 대군을 일으켰어. 조조의 목표는 신야성만 차지하는 것이 아니었어. 유비와 강동의 손권까지 없애기 위해 남쪽으로 향했지. 이때가 서기 208년 여름이야.

"뭐라? 조조 군이 온다고?"

형주 태수인 유표는 병중이었어. 병석에 누워 전쟁을 지휘할 수도 없고, 달리 형주의 운명을 맡길 사람도 없는 상황이었지.

유표는 급히 사람을 보내 유비를 불렀어.

"아우, 내 수명은 얼마 남지 않았소. 내가 죽은 후에는 아우가 형주를 다스려 주시오."

"무슨 말씀입니까? 형님께는 유기와 유종*이 있지 않습니까? 제가 어찌 감히 형주를 탐내겠습니까!"

형주는 유비에게 꼭 필요한 땅이었어. 하지만 유비는 위기를 틈타 형주를 가로채기 싫었어. 그런 행동은 정의롭지 못한 일이라고 생각했던 거야.

유비는 유표의 부탁을 거절한 채 신야성으로 돌아왔어. 유비의 이야기를 들은 제갈량은 답답했어.

"이런 좋은 기회를 버리시다니, 진정 백성을 위한다면 유 태수의 부탁을 받아들였어야 합니다."

"그럴 수 없습니다. 유표 형님께는 큰아들 유기가 있습니다. 그는 형주를 훌륭하게 다스릴 수 있을 것입니다."

제갈량은 형주가 천하통일을 이루기 위해서 꼭 필요한 땅이라고 말했지만, 유비는 도리에 어긋나는 짓은 할 수 없다고 했지.

★ 이복형제 사이. 유기는 유표의 장남인데, 부인이 죽은 뒤 유표는 채씨를 새 부인으로 맞아 차남 유종을 낳았다. 유표는 유기와 유종 중에서 누구에게 형주를 물려줄지 고민했다.

"주군, 오늘 일은 반드시 후회하게 될 것입니다."

그로부터 얼마 뒤, 유표가 세상을 떠나고 말았어. 유표는 죽기 전에 유언장을 써 놓았어. 큰아들 유기를 후계자로 지목하고, 형주를 유기에게 맡기겠다는 내용이었지.

이 사실을 알게 된 유표의 부인 채씨는 유언장을 찢어 버리고, 가짜 유언장을 만들었어. 그렇게 큰아들 유기를 강하로 쫓아내고, 둘째 아들 유종에게 태수의 자리를 잇게 했지.

조조가 형주 땅으로 쳐들어온다는 소식을 듣자마자 채씨와 유표의 처남인 채모, 겁쟁이 유종은 싸워 보지도 않고, 조조에게 항복하겠다는 편지를 썼어.

"크크크, 항복할 테니 부디 목숨만 살려 달라는구나! 그래, 일단 살려 주지."

그 덕분에 조조는 피 한 방울 흘리지 않고 형주 땅을 고스란히 차지할 수 있었어.

이 사실을 알게 된 유비는 자기 행동이 어리석었다는 것을 뼈저리게 느꼈지. 제갈량의 예상이 그대로 들어맞았던 거야. 유표의 부탁을 받아들여 형주를 맡았다면 유기가 쫓겨날 일도 없었을 것이고, 조조 군이 침범해 왔을 때 이렇게 위기를 맞지 않았겠지.

"주군, 이미 늦었습니다. 지금 우리에게 급한 일은 코앞에 와 있는 조조의 50만 대군을 막는 일입니다."

제갈량의 말을 들은 유비는 급히 장수들을 모아 회의를 열었어.

"지난번 하후돈의 10만 대군을 무찌른 것도 기적에 가까운 일이었는데, 이번에는 조조가 직접 50만 대군을 이끌고 왔으니, 이 일을 어찌하면 좋겠소?"

그 말을 들은 장수들은 아무도 먼저 말을 꺼내지 못했어.

침묵을 깬 사람은 제갈량이었어.

"확실히 우리 형편으로 조조의 군사에 맞서는 건 불가능한 일입니다."

제갈량은 계속 말했지.

"그러나 우리도 불리하지만, 조조 군도 불리하긴 마찬가지입니다. 이 신야는 터가 좁아서 50만 대군을 맞아 오래 버틸 수 없는 곳이니까요."

"그러면 어찌하면 좋겠습니까?"

유비의 물음에 제갈량이 지도를 가리키며 말했어.

"신야성을 버리고 번성으로 가서 그곳을 지키십시오. 그리고……."

자세한 전략을 들은 유비는 먼저 성안의 백성들을 가까운 번성으로 옮겨 가도록 했어.

"백성들의 안전이 가장 중요하다. 우선 백성들을 안전한 곳으로 이동시켜라."

이윽고 조조 군의 선봉장인 조인이 10만 대군을 이끌고 신야성 앞까지 쳐들어왔어.

"장군, 성문이 활짝 열려 있고, 성안에 수비병은커녕 강아지 한 마리도 보이지 않습니다."

장수 하나가 조인에게 보고했어.

"흐흐, 형세가 급하니까 유비가 백성들까지 데리고 도망친 모양이다. 오늘 밤은 성안에서 편히 쉬고 내일 다시 추격하자."

조인의 명령대로 군사들은 일찌감치 저녁밥을 지어 먹고 쉬기로 했어. 허도에서부터 먼 길을 쉬지 않고 달려온 군사들은 단잠에 빠져들었지.

깊은 밤 서문, 남문, 북문에서 일제히 불길이 치솟기 시작했어.

"불이야! 불이야!"

성안은 순식간에 아수라장이 되고 말았어. 자다 깬 군사들은 불을 피하느라 허둥거렸어.

"장군, 성안 곳곳에 유황이 뿌려져 있습니다!"

"뭐라고?"

제갈량이 신야성을 비우라고 한 건 바로 적군을 성안으로 유인해서 가두고 불을 지르기 위해서였어. 조인과 10만 대군은 불길 속에서 허둥지둥 살려 달라고 소리만 내질렀어.

"우리가 유비의 계략에 또 속았구나! 동쪽 문은 불길이 없으니 모두 그쪽으로 빠져나가자!"

조인은 남은 군사들을 이끌고 동문으로 향했어. 군사들이 동문으로 나오자, 수풀 속에 숨어 있던 조운과 군사들이 우르르 뛰어나와 공격하기 시작했어.

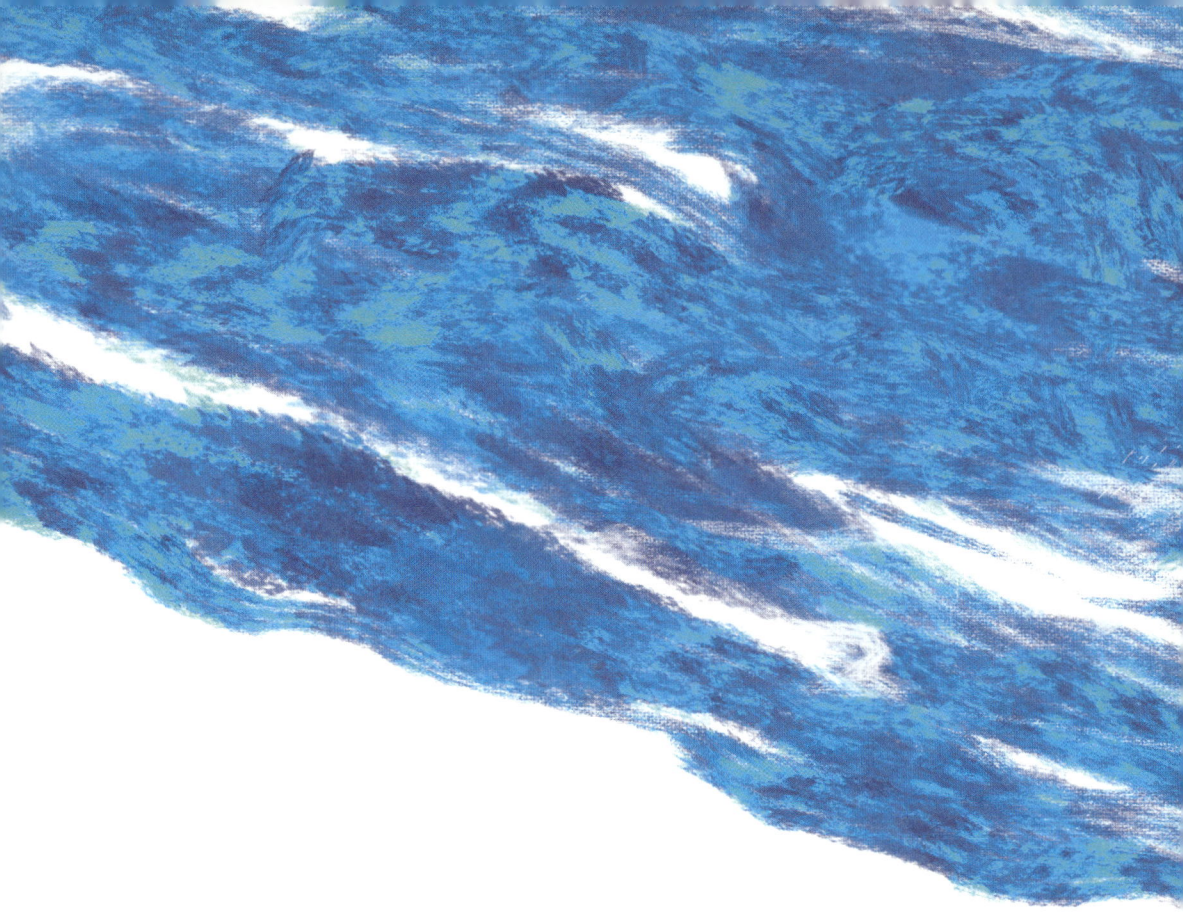

 조인의 군사들은 불길을 피해 허둥지둥 도망쳐 나오느라 미처 무기도 챙기지 못한 상태였지. 조운이 이끄는 군사들의 칼에 조조 군은 마치 잡초가 베어지듯 쓰러져 갔어. 눈 깜짝할 사이에 10만 대군은 수천으로 줄어들었지.

 "강으로 도망쳐라!"

 조인은 살아남은 군사들과 함께 강으로 정신없이 도망쳤어. 그리고 얕은 곳을 골라 강을 건너기 시작했지.

 그때 갑자기 상류 쪽에서 엄청난 강물이 쏟아지듯 밀려 오기 시작했어.

 "물이다!"

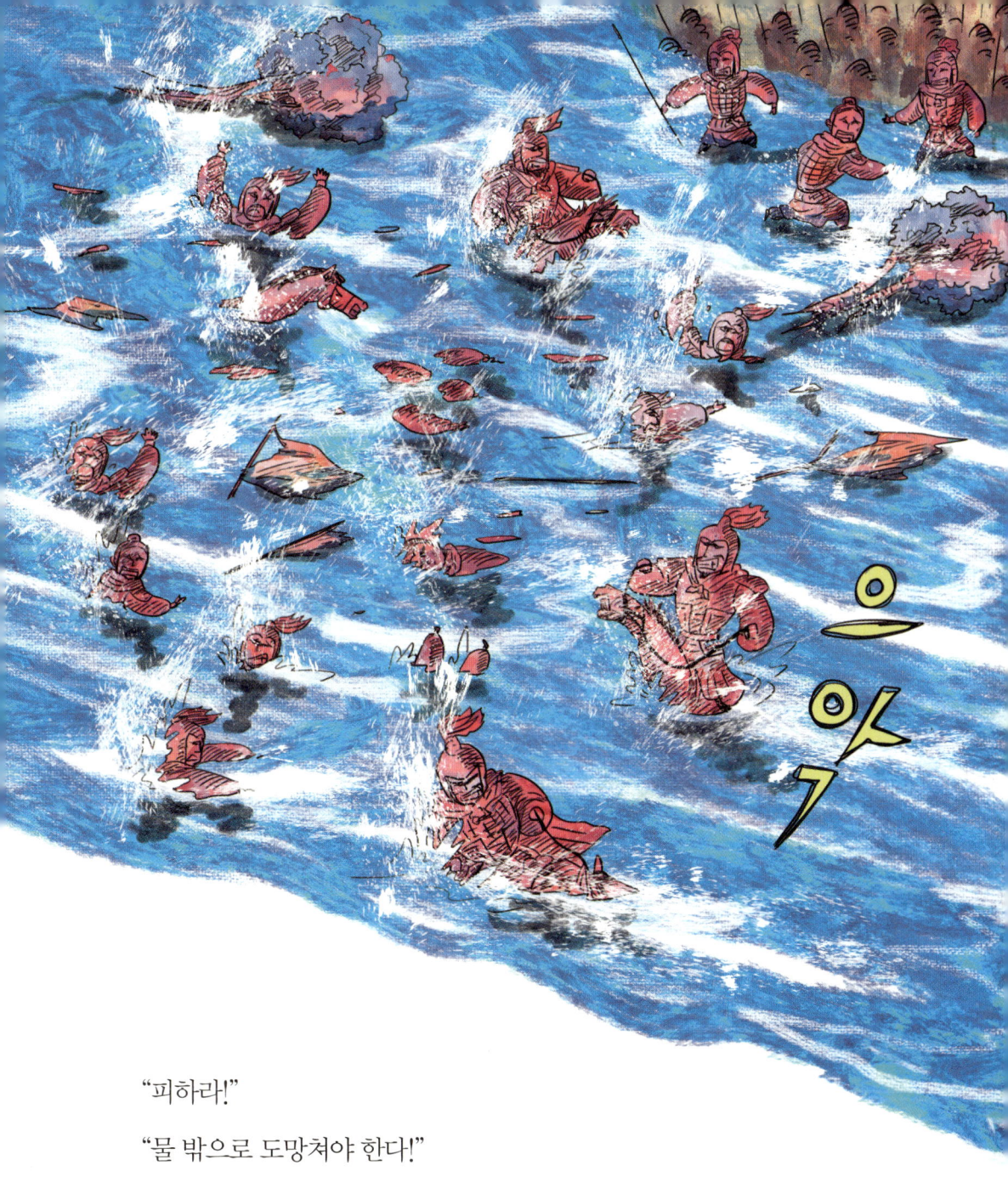

"피하라!"

"물 밖으로 도망쳐야 한다!"

제갈량의 작전대로 조인의 군사들이 조운에게 쫓겨 강물에 들어서자마자 관우가 강 상류에서 기다리고 있다가 쌓아 두었던 둑을 터트려 버렸던 거야.

"어푸, 어푸!"

불어난 물살을 피해 간신히 도망친 조인의 군사들은 강가로 올라가 도망쳤어. 물속에서 빠져나오기 위해 죽을힘을 다한 탓에 조인의 군사들은 금방이라도 쓰러질 것처럼 기진맥진했지.

두두두, 두두두두!

"이게 무슨 소리지?"

"이놈들아, 나는 유비의 아우 장비 님이시다! 아까부터 너희가 오기를 기다렸다. 푸하하하!"

강가로 기어오르던 조조 군은 그대로 장비 군의 공격을 받았어.

"도망쳐라!"

"으하하하! 대승이다!"

"우리가 이겼다!"

유비의 군사들은 이번 승리를 믿을 수가 없었어. 그도 그럴 것이 자그마치 10만 명이나 되는 군사를 겨우 5천 명으로 무찔렀으니 얼떨떨할 수밖에 없었지.

"이번에도 졌다는 말이냐?"

조인의 군사들까지 모조리 패했다는 소식을 들은 조조는 화가 나서 부들부들 떨었어.

"놈들이 어디로 도망쳤다고?"

"번성으로 갔다고 합니다."

"번성을 모두 불태워라! 성에서 개미 새끼 한 마리도 빠져나가지 못하게 하거라!"

조조는 이를 갈며 분통을 터트렸어. 조조의 군사들이 여덟 개의 부대로 나뉘어 진격하기 시작했지.

소식을 들은 유비는 또다시 근심에 빠졌어. 번성에서 조조의 대군과 겨룬다는 것은 어림도 없는 일이었기 때문이었어.

"모두 들어라! 우리는 조조의 군사를 피해 다시 강릉성으로 거처를 옮겨야 한다. 백성들이 안전하게 이동할 수 있도록 하여라."

유비가 강릉으로 떠난다는 소식에 신야성에서 옮겨 온 백성들은 물론 번성의 백성들까지 떠날 준비를 하기 시작했어. 번성에서 가만히 있다가는 조조의 군사들에게 죽임을 당할 수도 있었으니까.

이렇게 해서 군사들과 백성을 합해 10만여 명이 번성에서 강릉까지 가게 되었어. 그러나 군사들과 달리 백성들은 걸음이 느려서 하루 10여 리밖에 가지 못했지. 유비는 백성들을 보호하기 위해 어쩔 수 없이 군사를 느리게 움직였어.

"주군, 백성들을 두고 가야 합니다. 하루빨리 강릉성으로 들어가 조조군과 맞서 싸울 대비를 해야 합니다."

답답함을 느낀 제갈량이 유비에게 말했어. 하지만 유비는 단호하게 고개를 저었어.

"그렇게는 할 수 없습니다."

"어째서입니까?"

"나에겐 백성들이 더 중요하기 때문입니다. 나를 믿고 이렇게 많은 백성이 따라오는데 어떻게 버리고 갈 수 있겠습니까? 아무리 다급하다고 해도 무엇이 우선인지는 잊지 말아야 합니다."

유비는 단 한 명의 백성도 그냥 두고 갈 수는 없다고 고집했어. 유비의 말을 들은 장수들은 큰 깨달음을 얻었고 따르던 백성들은 감동해 울음을

터트렸지.

"역시 유 황숙이야."

"유 황숙은 우리를 절대 버리지 않을거야."

조조의 군사들이 곧 들이닥칠 거라는 사실을 뻔히 알면서도 유비는 이렇게 백성들과 함께 느릿느릿 행군했어.

제22장

조운의 충심

　한편 양양을 손쉽게 점령한 조조는 태수인 유종과 그의 외삼촌인 채모에게 융숭한 대접을 받았음에도, 유종을 먼 지방의 관리로 임명한 뒤 강제로 형주를 떠나게 했어. 이것은 조조의 잔인한 계략이었지. 떠나는 유종을 조조의 부하가 길목에서 기다리고 있다가 죽여 버렸거든.

　"훗, 유비가 강릉성으로 가고 있다고?"

　조조는 유비가 백성들과 함께 도망치는 중이라는 사실을 알게 되었어. 하루에 10리밖에 못 간다는 사실을 알고는 유비가 강릉성을 차지하기 전에 깨끗이 끝장내라고 명령했어.

　"정예 기마병 5천 명을 보내 당장 유비를 추격하라!"

　유비와 함께 느리게 행군하던 관우는 위기감을 느꼈어. 이러다가 조조 군이 추격해 오면 꼼짝없이 당할 판이었거든. 관우는 강하성에 있는 유표의 큰아들 유기에게 도움을 청해 보겠다며 떠났어.

시간이 흘렀지만, 관우에게서는 소식이 없었어.

"아무래도 관우가 유기를 설득하지 못한 모양입니다."

그때 제갈량이 나섰어.

"제가 가겠습니다. 그동안 간옹과 미축, 미방은 주군을 지키고, 조운은 기병 1천 명으로 백성들을 지키도록 하십시오."

"예!"

행군하던 유비와 백성들은 들판에 자리를 잡고 쉬기로 했어. 미축이 지금은 쉴 때가 아니라며 길을 재촉했지만 유비는 단호했어.

"배고픔과 피곤함에 지친 백성들이 보이지 않느냐?"

"하지만 주군!"

"나는 백성들이 쓰러지는 것을 더 이상 두고 볼 수가 없다."

사실 유비도 조조 군이 금방 추격해 올 거라는 걸 알고 있었어. 하지만 조금 더 있다가는 백성들이 지쳐 숨이 끊어질 판이었어. 그래서 백성들을 위해 행군을 잠시 멈추기로 한 것이었지.

'아마 조조의 군사들은 밤에 기습적으로 공격을 해 올 거야.'

유비는 병력을 정비했어.

이때 유비의 군사는 고작 3천 명도 되지 않았지. 게다가 백성들 못지않게 군사들도 지쳐 있었어.

"모두 잠들어선 안 된다. 백성들을 지켜야 해!"

유비는 군사들에게 절대 잠을 자지 말고 대비하라고 명령했어.

그날 밤, 아니나 다를까 조조의 군사들이 기습 공격을 해 왔어. 유비는 죽을힘을 다해 적의 공격을 막아 냈어. 하지만 물밀듯 밀려오는 적의 공격을 막아 내기에는 역부족이었어. 백성들은 여러 무리로 흩어져 도망치기 바빴어.

"유비, 네 목은 우리가 가져가겠다!"

적장은 유비의 목을 노리고 달려들었어.

유비가 위험에 처하자, 장비가 달려왔어.

"형님! 어서 이쪽으로 피하십시오. 여기는 제가 맡겠습니다."

장비는 장팔사모를 휘두르며 조조의 군사들을 물리치기 시작했지. 유비는 남은 군사들을 모아 백성들과 함께 그곳을 빠져나오려고 했어. 하지만 유비를 따르는 군사의 수는 고작 100명도 되지 않았고 백성들도 제각기 흩어지고 없었어. 유비가 아끼는 장수들도 적들과 싸우느라 흩어진 상태였지.

"모두 어디로 갔단 말인가!"

유비는 애통한 마음에 눈물을 참을 수 없었어.

조조에게 쫓기는 신세가 된 것도 기가 막히고, 백성들과 그를 따르던 장수와 군사 그리고 가족들을 생각하니 불쌍하고 한스러워 저절로 눈물이 난 거야.

조운은 적이 공격해 오자 밤새 맞붙어 싸우다 새벽쯤 백성들이 도망가 숨어 있다는 근처 마을로 서둘러 달려갔어. 그곳에 유비의 두 부인과 어린 아들인 아두가 있다고 들었기 때문이지. 하지만 그곳도 안전하지는 못했어. 몇 안 되는 유비의 군사들이 조조 군과 힘겹게 대치 중이었어.

조운은 눈에 핏발을 세우고 적군 사이를 헤집고 다녔어.

"아두 님! 아두 님!"

조운은 공격해 오는 적군을 단숨에 베어 버리고 유비의 식구를 찾아 헤맸어. 그때 겁에 질린 백성들이 한데 모여 있는 것을 발견했지.

조운은 칼을 휘두르며 그곳으로 달려갔어. 그러자 감 부인과 백성들이 벌벌 떨고 있는 모습이 보였어.

"감 부인!"

"아아, 조 장군! 우리를 구하러 오셨군요!"

감 부인이 조운을 보고 울음을 터트렸어.

"아두 님은 어디 계십니까?"

"아두는 미 부인이 안고 있었는데 어찌 되었는지 모르겠습니다. 아까 도망치다가 헤어지고 말았어요."

조운은 감 부인을 말에 태웠어.

"감 부인, 이 길로 쭉 달리면 주군이 계신 곳이 나올 것입니다. 저는 미 부인과 아두 님을 찾아보겠습니다."

조운은 감 부인이 탄 말의 엉덩이를 세게 쳤어. 그러자 말이 앞으로 달려 나가기 시작했지.

그 모습을 본 조운은 다시 적진으로 뛰어 들어갔어. 적군은 조운을 죽이려고 안달이 나 있었어. 하지만 조운은 달려드는 적군을 마치 낙엽 쓸 듯 쓸어버리고 적진 깊숙이 달려갔지.

그때 어떤 남자가 살려 달라고 애원하는 소리가 들려왔어. 수레에 다리가 깔려서 꼼짝달싹하지 못하고 있었던 거야. 조운은 말에서 내려 남자의 다리를 짓누르고 있는 수레를 치워 주었어.

"혹시 미 부인을 보지 못했소?"

"보았습니다. 미 부인은 저기 뒤쪽에 있는 우물가에 숨어 계십니다."

조운은 쏜살같이 우물가로 달려갔어. 우물 뒤쪽에 세 살짜리 아기를 끌어안고 있는 미 부인의 모습이 보였지.

"미 부인!"

"오, 조 장군!"

미 부인은 다리를 다쳐 꼼짝하지 못하는 상태였어. 미 부인이 조운에게 아두를 안겨 주며 말했어.

"조 장군, 우리 아두를 지켜 주세요."

"미 부인, 이곳을 함께 빠져나가야 합니다."

"나는 다리를 다쳐서 움직일 수 없어요. 나는 그냥 두고 얼른 아두를 주군에게 데려다주세요."

"안 됩니다! 곧 적들이 여기까지 올 것입니다."

"다친 나를 데리고 도망친다는 건 불가능합니다. 부디 우리 아두를 지

켜 주세요."

조운은 미 부인이 내미는 아기를 받아 안았어. 그리고 조조 군이 몰려오는지 살피는 찰나, 뒤에서 풍덩 소리가 났어.

미 부인이 옆에 있는 우물 속으로 몸을 던진 거야. 조운이 미처 말릴 새도 없이 순식간에 일어난 일이었어.

"안 돼!"

조운은 우물 속을 향해 소리치며 울부짖었어.

미 부인은 자신이 적에게 붙잡혀 인질이 되면 유비가 위험해질 거라 생각했던 거야. 그래서 스스로 목숨을 끊어 아두와 유비를 구하려 했던 거지.

"응애, 응애!"

아두가 어머니의 죽음을 알았는지 울음을 터트렸어.

조운은 갑옷을 풀어 그 안에 아두를 품고 갑옷을 단단히 맸어. 그리고 적진을 뚫으며 달렸어.

"조자룡이다! 잡아라!"

적군이 칼을 휘두르며 공격해 왔어. 하지만 조운은 잠시도 걸음을 멈추지 않고 칼을 휘두르며 뛰어갔지. 그렇게 50여 명의 적군을 베고 앞으로 뛰어간 조운은 들판에 서 있는 말 위에 올라탔어.

"이랴!"

조운은 죽을힘을 다해 장판교 쪽으로 말을 몰았어. 품속에 안겨 있던 아두가 끙끙거렸어.

"말아, 조금만 더 빨리! 조금만!"

적군들은 조운의 바로 뒤까지 바짝 쫓아왔어. 조운이 올라탄 말은 힘없이 앞으로 고꾸라질 것 같았지. 마지막 힘을 짜내 비틀거리는 말에 조운은 채찍을 가했어.

"저기다! 장판교가 보인다! 이랴, 제발 저곳까지만 가자! 제발!"

장판교 너머로 장비의 모습이 보였어.

"익덕! 도와주십시오!"

조운은 장판교를 가로질러 장비의 곁으로 무사히 오게 되었어.

"자룡, 반갑소! 살아 있었군요!"

조운은 품속에 아두가 있다고 말했어.

"조 장군, 여긴 내게 맡기고 빨리 형님에게 가시오."

"뒤를 부탁드립니다. 부디 무사하기를 바랍니다!"

조운은 아두를 안고 유비에게 달려갔어. 멀리서 달려오는 조운을 본 유비는 자신도 모르게 벌떡 일어섰지.

"주군!"

유비를 본 조운은 땅바닥에 풀썩 엎어지며 울음을 터트렸어.

"조 장군, 살아서 돌아와 주었구려. 고맙소, 정말 고맙소!"

"주군, 용서해 주십시오. 죽을죄를 지었습니다!"

조운은 피를 흥건하게 뒤집어쓴 채 유비의 앞에 무릎을 꿇었어.

"그게 무슨 소리오? 그대가 이렇게 살아서 돌아와 준 것만도 하늘에 감사할 따름이오."

"미 부인께서 적에게 인질로 붙잡힐 순 없다며 우물로 뛰어들어 그만 목숨을……. 제가 미 부인을 지키지 못했습니다. 용서하십시오. 하지만 아드님을 모셔 왔습니다."

조운은 갑옷 속에서 아두를 꺼냈어.

아두는 그새 새근새근 잠이 들어 있었지. 유비는 어린 아두를 끌어안고 눈물을 흘렸어.

"이 아이를 살리려고……."

아두를 바라보던 유비가 갑자기 이해할 수 없는 행동을 했어. 품에 안고 있던 아두를 땅바닥에 내던져 버리는 거야.

"으아앙!"

놀란 아두가 울음을 터트렸어.

그 모습을 본 조운은 깜짝 놀라 울음을 터트리는 아두를 안아 올렸지.

"주군! 어찌 이러십니까?"

"이 아이 때문에 다시없이 귀한 조 장군을 잃을 뻔하지 않았는가! 아이야 또 낳으면 되지만 천하의 용장은 한 번 잃으면 다시 얻을 수가 없는 것을!"

유비의 말을 들은 조운은 땅에 이마를 조아리며 눈물을 흘렸어.

"주군, 부하를 이처럼 아끼는 주군을 위해서라면 백 번이 아니라 천 번이라도 목숨을 버릴 수 있습니다. 간과 뇌가 쏟아져 흙과 범벅이 된다 해도 주군의 은공을 다 갚을 수 없습니다."★

"무슨 소리요! 조 장군의 목숨은 내게 그 무엇과도 바꿀 수 없을 정도로 귀한 것이오!"

유비의 말에 주위에 있던 군사들도 울음을 터트렸어. 그렇게 유비도 울고, 조운도 울고 모두 눈물을 흘리고 말았지.

★ 간뇌도지(肝腦塗地). 전쟁터에서 간과 뇌가 쏟아질 정도로 참혹한 죽임을 당했다는 뜻으로, 나라를 위해 목숨을 돌보지 않고 애쓰는 것을 이르는 말이다.

제23장

장판교를 불사른 장비

"뭐라, 조운을 놓쳤다고? 그렇게나 많은 장수가 고작 조운 하나를 붙잡지 못했다는 것이냐!"

조운을 놓쳤다는 소식을 들은 조조는 직접 유비를 쓸어버리겠다며 조인, 이전, 하후돈, 하후연, 악진, 장합 등 내로라하는 장수들을 모조리 이끌고 장판교를 향해 달려갔어.

'이번에야말로 유비의 숨통을 끊어 놓을 것이다!'

그런데 막상 장판교에 도착한 조조는 눈앞에 펼쳐진 광경에 몹시 당황했어. 유비의 다른 군사들은 온데간데없고 장비만 떡하니 혼자 남아서 장판교를 지키고 서 있었던 거야.

"크하하, 거기 있는 자는 역적 조조가 아니냐? 천하에 장비를 모르는 사람은 없을 테니 겁 없는 놈 있으면 어디 덤벼 보아라."

장비의 호통은 천둥소리처럼 컸어. 쩌렁쩌렁한 장비의 목소리를 들은 군사들은 자기도 모르게 겁을 먹고 말았지.

"뭘 꾸물거리고 있느냐, 역적 조조야! 어서 공격해 보아라!"

'잠깐, 제갈량이 또 무슨 계략을 꾸며 놓고 있는 것이 분명해.'

이렇게 생각한 조조는 이대로 공격할 것인지, 말 것인지 생각에 잠겼어.

"승상, 저놈을 어떻게 할까요? 가서 칠까요?"

"멈춰라, 저놈이 아무리 뛰어난 실력을 갖춘 장수라 하더라도 수십만 대군을 혼자서 막겠다고 버티고 서 있을 리는 없다."

조조는 장비가 혼자 남아 있는 것이 함정일 거라고 생각했어.

"모두 퇴각하라!"

조조의 입에서 후퇴 명령이 떨어졌지. 그러자 장비가 큰 소리로 웃음을 터트렸어.

"이놈, 조조야! 목숨이 아까운 모양이로구나!"

장비는 후퇴하는 조조를 향해 온갖 욕을 퍼부었어. 조조는 당장이라도 쫓아가 장비를 베어 버리고 싶었지만, 홀로 서 있는 장비 뒤에 어떤 함정이 있을지 알 수가 없었어.

"에잇!"

조조가 이를 악물고 뒤로 물러서자, 장비는 곧장 장판교를 불태워 버렸어.

"다리가 없으면 네놈들이 무슨 수로 건너오겠느냐. 다시는 이쪽으로 오지 못하게 만들어 주마!"

조조의 군사들이 후퇴한 것을 확인한 장비는 의기양양하게 유비에게 돌아갔어.

"형님, 내가 장판교를 태워 버렸소. 이제 놈들은 우리를 추격할 수가 없을 것이오."

장판교를 불살랐다는 장비의 말에 순간 유비의 얼굴이 딱딱하게 굳었어.

"아우야, 마지막에 큰 실수를 저질렀구나! 다리를 그대로 두었으면 조조는 우리가 함정을 파고 기다린다고 생각했을 거다. 하지만 다리를 없

앴으니, 함정이 없다는 걸 눈치채고 분명 다시 추격해 올 것이다."

유비는 남은 장수들에게 서둘러 떠날 준비를 하라고 일렀어.

유비의 예상은 적중했어. 후퇴하고 있던 조조는 장비가 장판교를 태우고 도망쳤다는 소식을 듣고 이를 으득으득 갈며 분통을 터뜨렸어.

"속았구나! 내가 또 제갈량에게 당했어."

화가 난 조조는 부하 장수들에게 명령했어.

"세 곳에 다리를 놓아라! 당장 군사를 이끌고 유비를 쫓을 것이야!"

그 무렵, 유비 일행은 한진으로 향하고 있었어. 한진에는 중국 대륙의 중심을 흐르는 가장 큰 강인 장강이 있었어.

"서둘러 배를 찾아보아라."

유비는 강을 건널 나룻배를 찾아오라 명령했어. 부하 장수들은 이리 뛰고 저리 뛰며 배를 찾았지만 헛수고였지. 뒤에서는 조조의 군사들이 달려오고 있었고, 앞에는 깊고 큰 강이 가로막고 있었어.

"아, 하늘이 나를 버리셨는가!"

유비는 하늘을 우러러보며 깊이 탄식했어.

저 멀리 조조의 군사들이 달려오는 것이 보였지.

"이제 유비는 독 안에 든 쥐다! 저들을 모조리 쓸어버려라!"

그때 갑자기 동편 산속에서 북소리가 울리며 한 떼의 군사들이 우르르 나타났어. 맞은편에서도 또 다른 군사들이 나타나 조조 군을 가로막았지.

조조는 대체 누가 군사들을 가로막는 것인가 싶어 두 눈을 찌푸렸어. 군사들 사이에 키 큰 장수가 보였어. 9척이 넘는 키에 대추처럼 붉은 얼굴, 긴 수염을 휘날리며 달려오는 장수는 청룡언월도를 쥔 관우였어.

"후퇴! 후퇴하라! 관우가 이곳에 기다리고 있는 것을 보니 제갈량이 또 수작을 부린 것이 틀림없다!"

조조는 쓴 입맛을 다시며 장수들에게 명령했어. 조조의 군사들은 우왕좌왕하며 퇴각하기 시작했지.

그사이 유표의 큰아들 유기가 배를 몰고 나루터로 왔어. 유비 일행을 마중 나온 것이었어.

"숙부님, 어서 타십시오!"

"여긴 어쩐 일인가? 어찌 그대가 나를 구하러 왔단 말인가?"

"지금은 빨리 이곳을 떠나야 합니다. 일단 타십시오."

유기의 말에 유비 일행은 서둘러 배에 올라탔어.

그렇게 배를 타고 강을 얼마쯤 내려갔을까? 서쪽 강변에 한 무리의 병선이 다가오는 것이 보였어. 유비는 불안했어. 만약 적군의 배라면 유비 일행은 죽은 목숨이나 다름없었지.

그때 병선의 뱃머리에 흰옷을 입은 선비가 서 있는 것이 보였어. 마치 백학처럼 도도하게 서 있는 선비는 바로 제갈량이었어.

"제갈 군사가 해냈구나!"

사실 제갈량은 유비가 조조에게 쫓겨 한진으로 오게 될 것을 미리 알고 있었어. 그래서 관우에게는 한진에서 조조를 공격하라고 하고, 유기에게 지원을 요청하고는 자신도 군사를 모아 유비를 맞으러 온 것이지.

"역시 제갈 군사, 그대는 하늘이 내린 사람이오!"

유비는 제갈량의 손을 맞잡으며 고마워했어.

한편 조조는 양양성으로 돌아가 숨을 고르며 중얼거렸어.
"다 잡았던 유비를 놓친 것이 아쉽구나!"
"하지만 승상께선 장강 이북의 땅을 거의 차지하지 않았습니까? 그것만으로도 충분히 가치 있는 싸움이었습니다."
부하 장수의 말에 조조는 팔자수염을 만지작거렸어.

제24장

호랑이굴에
들어간
제갈량

비록 유비를 없애지는 못했지만 조조는 형주 북쪽 지역을 차지하고 장강 유역 강하로 유비를 몰아냈어.

조조는 이참에 천하를 통일하려고 장강에 군사를 집결시켰어. 그 군사가 무려 백만 대군이었어. 조조의 군사는 장강에 진을 쳤는데, 그 길이가 300리(약 117km)나 되었어.

장강 남쪽 강동 지역의 실력자 손권은 언제 쳐들어올지 모를 조조의 백만 대군이 걱정됐어. 손권은 조조와 싸워야 할지 손을 잡아야 할지 결정하지 못했어. 그래서 유비의 동태를 살피려고 노숙 장군을 사신으로 보냈지.

강하에 머물던 유비에게 강동의 사신 노숙이 찾아왔어. 제갈량은 이미 손권이 사신을 보낼 것을 알고 준비하고 있었어. 조조와 싸우자니 질까 봐 두렵고 항복하기는 싫은 손권의 처지를 잘 알고 있었거든.

노숙은 이것저것 캐물었어. 유비가 거느린 군사는 얼마나 되는지, 군량미와 병기는 얼마나 비축이 되어 있는가 하는 것들이었어. 연합을 하려면 서로 가진 게 얼마나 되는지 알아야 했거든.

"군량이며, 병마, 훈련, 그런 것은 제갈 군사가 다 알아서 하는 일이라 나는 잘 모릅니다."

유비는 제갈량이 미리 시킨 대로 대답을 얼버무렸어.

제갈량이 유비에게 노숙이 하는 질문마다 모르겠다고 얼버무리라고 한 것은, 손권을 직접 만나기 위한 계략이었어. 사신이 오면 적당하게 구슬린 뒤, 자신이 직접 강동에 가서 손권을 만나 조조와 싸우도록 설득하려는 것이었지. 손권을 직접 만나야 할 만큼 중요한 일이기도 하고, 직접 만난다면 손권을 설득할 자신이 있기도 했어.

유비가 제대로 대답하지 않자, 노숙은 속이 타는 듯 술잔을 연거푸 들이켰어.

"그렇다면 조조가 어떤 자인지 얘기해 주십시오."

"조조 말씀입니까? 그것도 잘 모르겠군요. 부끄러운 얘기지만, 조조의 감시에서 벗어난 뒤 나는 그동안 조조가 나타나기만 하면 도망치기 바빴습니다."

"무슨 말씀을 그렇게 하십니까? 유 황숙께서는 두 번이나 조조의 10만 대군을 전멸시키지 않으셨습니까?"

노숙이 묻자, 유비가 머리를 긁적이며 대꾸했어.

"그건 내가 한 일이 아닙니다. 모두 제갈 군사가 일러 준 대로 했을 뿐입니다. 궁금한 게 있다면 제갈 군사에게 물어보십시오."

그 대답을 들은 노숙은 눈살을 찌푸렸어.

'제갈량은 능구렁이 같은 자라 내 질문에 제대로 답해 줄 리가 없어.'

하지만 유비는 무얼 물어봐도 잘 모르겠다는 식으로 대답했기 때문에, 결국 노숙은 제갈량을 찾아갔지.

"공명 선생, 유 황숙과 우리 손 장군이 손을 잡고 조조를 친다면 이길 수 있겠소?"

제갈량을 만난 노숙은 손권이 가장 궁금해하는 것을 물었어. 그러자 제갈량이 망설이다가 말을 꺼냈지.

"싸운다면 얼마든지 이길 수 있겠지요. 하지만 손 장군과 유 황숙은 서로 잘 알지 못하는 사이니 목숨을 걸고 함께 싸운다는 건 힘든 일일 것입니다."

"정 그렇다면 공명 선생께서 강동으로 와서 손 장군께 직접 설명을 하시는 건 어떻습니까? 때마침 우리 강동에는 공명 선생의 친형님*도 계시지 않습니까?"

그 말을 들은 제갈량이 입가에 엷은 미소를 띠었어. 예상했던 말이 나

★ 제갈근, 제갈량, 제갈균 삼 형제 중 맏이인 제갈근은 손권의 모사로 일했다.

왔기 때문이지.

"그거 좋은 생각입니다! 안 그래도 형님의 소식이 궁금했는데 잘됐습니다. 제가 강동으로 가서 손 장군을 만나 보겠습니다."

다음 날 아침, 제갈량은 사신의 자격으로 노숙과 함께 배를 타고 강동으로 떠났어.

조조가 형주를 차지했다는 소식을 들은 손권은 장강 남쪽 시상군에서 배를 만들고 군사를 양성하고 있었어. 양주를 넓게 다 차지한 손권이었지만 형주를 손에 넣어야 조조의 위협으로부터 안심할 수 있었지.

"이제 곧 시상군에 도착할 것입니다."

노숙의 말에 제갈량은 또 한 번 빙그레 미소를 지었어.

그 무렵 손권은 조조가 보낸 편지를 받았어.

> 황제의 명을 받들어 손권에게 명하노라.
> 나에게 항복하고 강하의 유비를 치기 바란다.
> 그렇게 하면 절대 강동을 공격하지 않을 것이다.
> 하지만 만약 시킨 대로 하지 않는다면 백만 대군을 끌고 가서
> 강동을 형주처럼 쓸어버리겠다.
>
> - 조조

편지를 읽은 손권은 얼굴이 시뻘겋게 달아올랐어.

"감히 조조가 나를 공격하겠다고 협박하다니!"

그때 마침 노숙이 도착했지. 손권은 노숙에게 은밀히 조조의 편지를 보여 주며 말했어.

"당장 강하에서 보고 온 대로 이야기해 보시오. 우리가 유비와 손을 잡으면 조조를 이길 수 있겠소?"

"주군, 그건 조조 군과 대적해 이겼던 제갈량에게 물어보심이 좋을 듯합니다."

"제갈량이 여기 왔다고?"

손권도 제갈량의 명성은 오래전부터 들어서 알고 있었어. 그래서 당장 제갈량을 만나겠다고 했지. 노숙은 제갈량을 안으로 데리고 들어가면서 작은 목소리로 부탁했어.

"공명 선생, 우리 주군을 만나시거든 조조의 군사가 백만 명이라는 말은 하지 마십시오. 신하 대부분이 조조에게 항복하고 강하의 유 황숙을 치자는 주장을 하고 있습니다."

노숙의 말에 제갈량은 그저 웃기만 했어.

"오, 유 황숙이 세 번이나 머리를 조아리며 찾아가서 군사로 맞이했다는 공명 선생이 당신이로군!"

"과찬이십니다."

"하긴, 그대가 정말 뛰어난 군사였다면 형주를 빼앗기고 강하로 쫓겨났을 리 없지."

손권의 말에 제갈량은 빙그레 웃음을 지었어.

"왜 웃으시오?"

"저는 진즉 유 황숙께 형주를 차지하라고 말씀드렸습니다. 하지만 유 황숙은 형주의 유 태수에게 은혜를 입었으니 그 땅을 함부로 가로챌 수 없다고 하시더군요."

"그랬구려. 하지만 이제 유 태수는 죽지 않았소?"

"네. 하지만 유 태수가 죽은 뒤에도 나의 주군이신 유 황숙은 형주를 그대로 두었습니다. 만약 유 황숙이 형주 땅을 차지하기 위해 염치없는 짓을 벌였다면 아마 천하가 손가락질했을 것입니다."

손권은 형주를 조조에게 빼앗긴 제갈량과 유비를 비웃어 주려고 했어. 하지만 보다 큰 뜻을 품고 형주를 갖지 않았다는 말에 오히려 망신만 당하고 말았지. 그러자 이번에는 손권의 옆에 있던 우번이라는 신하가 일어나 말했어.

"공명 선생, 솔직히 물어볼 테니 대답해 주시오. 지금 조조의 대군을 막을 대책이 있소?"

"지금 조조 군의 기세는 그야말로 '강노지말'입니다. 아무리 힘차게 튕겨 나온 강한 화살이라고 해도, 마지막에는 힘이 떨어져 얇은 비단에도 구멍을 뚫지 못하게 됩니다. 조조 군은 하루 밤낮에 300리를 강행군했으니 먼 길을 오느라고 지쳐 버린 상태입니다. 허도를 떠날 때에야 기세등등했겠으나 지금은…… 글쎄요."

"그래도 백만 대군이라지 않소?"

"말이 백만이지 실제로는 70만, 80만이나 될까 말까 합니다. 그것도 원소를 쳐서 편입하고, 형주를 빼앗아 긁어모은 군사들이라 오합지졸이나 다름없습니다."

"하하하, 유 황숙은 그 별 볼 일 없는 군사들에게 형주를 잃고 강하로 도망쳤잖소!"

"아닙니다. 그때 우리는 1천 명도 안 되는 군사로 조조 군에 큰 타격을 입혔습니다. 만약 우리가 신야성을 내주고 강릉성으로 옮겨 가 맞서 싸웠다면, 지금쯤 조조는 수십만 명의 군사를 잃고 떠도는 신세가 되었을 것입니다."

"그런데 왜 그렇게 하지 못했소?"

"우리 주군의 어진 마음을 사모하여 따라나선 10만의 백성들 때문이었습니다. 백성들은 한사코 유 황숙을 따르려 하고, 유 황숙은 한사코 백성들을 버릴 수 없다고 했지요. 그들 때문에 행군이 늦어져 조조에게 당한 것입니다. 그에 비하면 강동은 어떻습니까? 여기 모인 장수들이 하나같이 조조에게 무릎을 꿇으라고 하는 중이잖습니까?"

제갈량은 입가에 미소를 띠고 거침없이 말했어. 신하들은 당황해 진땀을 흘렸지.

'흠, 세 치 혓바닥을 놀려 우리로 하여금 조조와 싸우게 하려고 온 모양이군.'

하지만 신하들은 얼굴만 붉혔을 뿐 반박할 말을 찾지 못했어. 제갈량의 코를 납작하게 만들려다가 오히려 그들의 코가 모두 납작해지고 만 것이지.

손권이 그제야 굳은 얼굴로 입을 열었어.

"흐음! 공명 선생, 솔직하게 말하겠소. 나는 아직 결정을 내리지 못했소. 그대가 생각하기에 우리가 조조에 맞서 싸우는 것이 좋겠소, 아니면 물러서는 것이 좋겠소?"

"지금 강동의 힘으로 조조의 군사들을 상대하기는 어려울 것입니다. 차라리 조조의 발밑에 꿇어 엎드려 애원하면 목숨은 살려 줄지도 모르겠습니다."

"뭐라고?"

그 말을 들은 손권은 자리에서 벌떡 일어났어. 다른 장수들도 화가 치민 얼굴로 제갈량을 공격했지.

"공명 선생, 어쩌자고 그런 말씀을 하시는 거요?"

"우리 주군을 모욕하다니!"

그러자 제갈량은 껄껄 웃으며 말했어.

"나는 조조의 대군을 박살 낼 계획을 세우고 있소만, 거기에 대해서는 아예 묻지도 않으시는군요."

"그게 정말이오?"

제갈량의 말에 솔깃해진 손권이 조조 군을 박살 낼 계획이 무엇이냐고 물었어.

"조조의 군사가 대군이라고는 하나 20만을 빼고는 모두 원소를 쳐서 얻은 군사들입니다. 그러니 모두가 같은 마음으로 조조에게 충성하는 자들이 아닙니다. 기회만 있으면 도망치려는 사람들이지요. 강동의 충성스러운 군사에 비할 바가 못 됩니다."

"오호!"

"게다가 조조의 군사들은 물 위에서의 싸움에는 아주 서툽니다. 용맹하다 해도 육지에서나 그럴 테지요. 강동의 수군이라면 얼마든지 그들을 장강에서 쳐부술 수가 있습니다. 손 장군, 결단을 내리십시오. 승리는 우리 것입니다!"

제갈량의 말을 들은 손권은 크게 기뻐했어.

"공명 선생의 말을 들으니 그동안 답답하던 머릿속이 훤히 뚫리는 듯하오. 당장 유 황숙에게 고하시오. 우리와 손잡고 조조를 치자고! 강동의 손권과 유 황숙이 힘을 합친다면 무엇이 두렵겠소!"

"참으로 현명하신 결정을 하셨습니다. 저는 곧장 유 황숙께 그 뜻을 전하겠습니다."

손권은 형인 손책이 죽기 전에 남긴 유언을 떠올렸어.

'결정하기 어려운 문제가 생기면 주유*와 의논하라고 했지.'

손권은 주유를 불렀어. 주유는 강동의 수군을 지휘하는 대도독이었어. 당시 수군을 훈련하는 데 힘을 쏟고 있던 주유는 조조의 대군이 장강 연안에 진을 쳤다는 소식을 이미 듣고 급히 달려왔어.

'지금 조조와 싸워서는 안 돼. 분한 일이지만 이번에는 조조에게 항복할 수밖에 없다. 조조는 황제를 등에 업고 있으니 그와 싸운다면 우리는 끝장이야.'

주유는 이미 조조에게 항복하기로 마음을 굳힌 상태였어. 손권을 만나면 항복하자고 말할 생각이었지. 그런데 자신을 만나기 전에 손권이 제갈량의 말에 넘어가 공격을 결심했다는 얘기를 노숙에게 전해 들었어. 주유는 크게 화를 냈어.

"뭐라고요? 조조와 싸우기로 했다고요?"

"주 도독, 일단 제갈량을 만나 그의 계획을 먼저 들어 보시는 건 어떻겠소?"

노숙은 역적인 조조와 손을 잡을 수는 없다고 생각했어. 제갈량을 강동으로 데려온 것도 유비가 조조 손에 죽게 둘 수는 없기 때문이었지.

그날 저녁, 노숙은 제갈량을 데리고 주유를 찾아갔어. 술상을 앞에 두고 마주 앉은 제갈량과 주유는 서로를 말없이 바라보기만 했어.

★ 손책과 어렸을 때부터 같이 지낸 친구. 뛰어난 인재이며 외모도 매우 훌륭했다. 강동 최고의 미녀 자매 중 소교와 결혼했고 손책은 그 언니인 대교와 결혼했다.

그러자 노숙이 먼저 주유에게 물었지.

"도독은 결정하셨나요?"

"제 뜻은 한결같습니다. 조조는 한나라의 승상이고 황제를 모시고 있으니, 그의 뜻을 거역한다면 곧 황제에게 반역하는 것이나 마찬가지일 것입니다."

"조조가 천하의 역적이라는 것은 모두 아는 사실입니다. 황제께서 조조를 죽이라는 밀서를 내린 사실을 모르십니까?"

노숙이 대꾸하자 주유가 다시 말을 이었어.

"또한 그의 세력은 막강합니다. 백만 대군이라니, 우리 힘으로는 도저히 대항할 수가 없습니다. 차라리 강동을 위해 항복하는 것이 좋은 방법일 것입니다."

"항복이라니요!"

노숙이 펄쩍 뛰었어. 그런 노숙을 보고 제갈량은 빙그레 웃기만 했지.

"공명 선생, 무엇이 그렇게 우스운 것입니까?"

주유는 기분 상한 표정으로 퉁명스럽게 물었어.

"조조는 막강한 힘을 갖고 있습니다. 여포, 원술, 원소 등 지금까지 그에게 맞섰던 자들 모두 패하고 말았습니다. 그런 자와 싸우느니 항복하는 것이 낫습니다."

제갈량의 말을 들은 노숙은 또다시 발끈 화를 냈어.

"어찌 사내대장부가 싸워 보지도 않고 항복부터 하겠다는 것입니까?

지금이야말로 군사를 일으켜야 할 때입니다!"

노숙의 말에 주유는 기분이 썩 좋지 않았어.

"하하하하!"

바로 그때 제갈량이 크게 웃으면서 말을 꺼냈지.

"조조가 군사를 물리게 하는 것은 간단합니다. 여자 둘만 조조에게 보내면 됩니다."

"여자 둘이라고요? 그게 누구요?"

"조조가 여자를 좋아한다는 것은 천하가 다 아는 일이 아닙니까? 조조 부자가 모두 그렇다지요. 조조가 강동의 두 미녀를 탐내고 있다는 소문이 이미 파다합니다."

"그게 무슨 소리입니까?"

주유가 묻자, 제갈량이 잠시 뜸을 들이더니 말을 이었어.

"듣자 하니 두 미인은 자매인데 언니는 대교, 동생은 소교라는 이름으로 불린다고 합니다. 조조에게 두 여자를 보내십시오. 그러면 싸움도 피하고 큰 벼슬을 보장받을 수 있을 것입니다."

순간 주유의 얼굴이 뻘겋게 변하더니 주먹을 쥐고 부르르 떨기 시작했어.

"도독, 어디 편치 않으십니까?"

제갈량이 시치미를 뚝 떼고 묻자, 주유는 대답하지 못했어. 그 모습을 본 노숙이 제갈량을 말리며 말했지.

"공명 선생, 교씨 자매 중 큰딸 대교는 일찍이 돌아가신 주군의 아내를 말하는 것이며, 작은딸 소교는 주 도독의 부인입니다."

"아이고, 이런! 대단히 죄송합니다! 제가 그런 줄도 모르고 멋대로 떠들었군요."

제갈량은 능청스럽게도 정말 미안한 것처럼 사과했어. 그러나 주유는 여전히 숨을 씩씩거리며 몰아쉬고 있었지. 그만큼 흥분했다는 뜻이었어.

"조조가 죽일 놈이지요. 조조는 자신이 황제가 되면 강동의 두 미녀를 모두 취할 것이라고 입버릇처럼 떠들고 다닌답니다."

제갈량이 한 번 더 쐐기를 박듯 말했어. 그러자 주유가 자리를 박차고 벌떡 일어섰지.

"조조 이놈, 널 반드시 가만두지 않겠다! 맹세코 내가 조조와 싸워 그놈의 목을 벨 것이다."

그의 말을 들은 제갈량은 또 한 번 엷은 미소를 지었어.

제25장

주유의
위험한 계략

 다음 날 아침, 주유는 손권에게 당장 전쟁을 해야 한다고 말했어.
 "주군, 항복이란 있을 수 없습니다. 제가 살아 있는 한 주군을 욕보인 조조를 살려 두지 않을 것입니다."
 "오, 도독! 우리 강동 군으로 조조의 백만 대군을 무찌를 자신이 있단 말이오?"
 "훗, 조조 군은 머릿수만 많을 뿐이지 제대로 싸울 수 있는 군사는 얼마 되지 않습니다. 거기다가 조조의 군사들은 강에서 싸워 본 적이 없습니다. 반면에 우리 수군은 우수하지요. 또 지금 당장은 조조의 기세가 등등할지 모르겠으나 추운 겨울이 오면 군사들에게 줄 식량을 구하는 것도 어려워질 것입니다."
 "과연! 나는 도독이 싸우겠다고 말할 것이라 생각했소."
 손권은 주유에게 전군의 지휘권을 주고 노숙을 참군 교위로 임명해 주유를 보좌하게 했어.

"조조와 맞서 반드시 승리하길 바라오."

손권은 벌떡 일어나 칼을 뽑더니 탁자를 힘껏 내리쳐 두 조각으로 갈라 버렸어. 그러자 주변에 있던 모든 장수가 숙연한 표정으로 손권을 바라보았지.

"이제부터 우리에게 항복이란 없다. 누구든 항복하자고 하는 자가 있다면 이 탁자처럼 가차 없이 목이 베일 것이다."

손권은 주유에게 칼을 내려 주면서 명령을 듣지 않는 자는 모조리 베어 버리라고 했어.

"조조가 죽기 전에 우리 강동에 평화란 없을 것입니다. 제가 조조를 반드시 처단할 것입니다."

주유는 손권의 칼을 받아 높이 치켜들었어.

이제 누구도 감히 항복하자는 말을 입에 담을 수 없게 되었어.

제갈량이 세운 계획이 실행되기 시작했어. 그 첫 번째가 바로 손권이 조조와 싸우게 만드는 것이었어.

그날 시녁, 숙소로 돌아온 주유는 자분히새 생각해 보았어. 그새야 자신이 제갈량의 꾀에 휘말린 것 같다는 생각이 들었지.

'제갈량이란 인물은 과연 무서운 자로구나. 조조와 싸우면 우리가 위태로워진다고 생각했던 내가 전쟁을 주장하도록 만들었어. 그의 지혜는

도저히 당해 낼 수가 없군.'

문득 주유는 제갈량이 나중에 강동을 위협할 큰 화근이 될지도 모른다는 생각이 들었어. 조조가 없는 세상이 온다면 그때는 제갈량과 그가 주군으로 모시는 유비가 강동을 침범할 것 같았거든. 그래서 때를 보아 제갈량을 없애야겠다고 마음먹었지. 하지만 제갈량을 죽이려면 그럴싸한 핑곗거리가 필요했어.

'제갈량…… 너를 없애려면 어찌해야 좋은가!'

이때부터 주유는 제갈량을 죽일 기회를 호시탐탐 노리기 시작했어.

서기 208년 초겨울, 주유가 이끄는 강동의 수군과 북쪽에서 장강까지 온 조조의 수군이 드디어 맞대결을 시작했어.

주유는 수전(물 위에서 벌이는 전투)이라면 자신 있었지. 게다가 강동 수군은 천하무적이라 불릴 정도로 강했어. 그러니 강에서 훈련만 해 봤지 싸움을 처음 해 보는 조조의 군사들은 크게 패할 수밖에 없었어.

천하무적 수군을 이끌고 첫 전투에서 큰 승리를 이끌어 낸 주유는 손권에게 이 사실을 알렸어.

"주군, 이번 전투는 우리의 승리입니다!"

"오오, 정말 훌륭하오! 애쓴 우리 군사들에게 상을 내리고 오늘은 마음껏 마시고 쉬도록 하시오."

그날 저녁, 주유는 노숙, 제갈량과 함께 술을 마셨어. 제갈량을 마주하고 있으면서도 어떻게 하면 제갈량을 없앨 수 있을까 생각을 계속했지. 그때 주유의 머릿속에 좋은 생각이 하나 떠올랐어.

"공명 선생, 수전에서는 어떤 무기가 가장 좋겠습니까?"

"그야 말할 것도 없이 활이지요."

"맞습니다. 그런데 우리 군사들에게 화살이 부족합니다. 수고스럽겠지만, 공명 선생께서 화살 10만 개만 만들어 주실 수 없겠습니까?"

"10만 개라, 확실히 적지는 않군요."

옆에서 듣고 있던 노숙도 깜짝 놀랐어. 노숙은 주유의 속이 훤히 들여다보였어. 제갈량을 시험하기 위해 말도 안 되는 무리한 요청을 한다 여겼지.

주유는 제갈량이 자신의 부탁을 거절하지 않고 수락했다가 지키지 못하면 그것을 핑계 삼아 죽여 버리려고 했지. 그런데 제갈량은 매우 태연하게 대답했어.

"좋습니다. 만들어 드리지요."

"만들어 주시겠다고요?"

"그럼요. 도독은 직접 출전하시는데, 저도 이 전쟁에 보탬이 되는 일이라면 뭐든 해야지요."

"훗, 그렇다면 열흘 안에 준비할 수 있으시겠습니까?"

주유는 제갈량이 자신의 꾀에 걸려들었다고 생각했어. 그러자 잠시 생각에 잠겨 있던 제갈량은 빙그레 웃으며 대꾸했지.

"열흘씩이나 필요하겠습니까? 제가 사흘 안에 필요한 화살을 만들어 드리겠습니다."

"사흘 안에 10만 개를?"

몹시 놀라서 주유가 눈을 휘둥그레 떴어. 옆에 있던 노숙도 입을 다물지 못했지.

'제갈량이 도독의 계략에 말려드는구나.'

"공명 선생, 전쟁 중에 허튼 약속을 하는 건 절대 용서받지 못한다는 것을 잘 아시겠지요? 만약 사흘 안에 화살 10만 개를 만들지 못하면 어쩌실 겁니까?"

"목숨을 내어놓겠습니다."

'옳거니, 놈이 스스로 죽을 자리를 파는구나!'

주유는 속으로 콧노래를 불렀어. 하지만 제갈량은 엄청난 약속을 하고도 아무렇지 않은 표정이었지.

주유는 제갈량이 화살을 어떻게 만들지 궁금했어. 그런데 하루가 지나고, 이틀이 지나도록 제갈량은 아무것도 하지 않고 천천히 산책을 즐기거나 책을 보며 시간을 보냈어.

'제갈량이 대체 무슨 꿍꿍이를 꾸미는 거지? 혹시 몰래 도망을 가려는 건 아니겠지?'

주유는 제갈량을 죽이는 건 이제 시간문제라 생각했어.

그러는 사이 시간은 흘러 약속한 사흘째 날이 되었어. 노숙이 걱정이 되어 제갈량을 찾아왔지.

"공명 선생, 오늘이 10만 개의 화살을 약속한 날입니다. 화살은 만들고 계십니까? 전쟁 중에 무기를 걸고 거짓말을 하면 군법에 따라 처형된다는 걸 모르십니까?"

"하하, 오늘 자정까지 어김없이 화살을 만들어 드릴 테니 걱정하지 마십시오."

노숙은 어이없는 표정으로 제갈량을 바라보았어. 그러자 제갈량이 슬슬 자리에서 일어나더니 이렇게 말했어.

"그래서 말인데, 부탁이 있습니다."

노숙은 화살을 만들 재료를 구해 달라는 부탁일 거라고 짐작했지.

"뭡니까? 무엇을 구해 드릴까요?"

"배 스무 척을 마련하고, 배 한 척마다 스무 명씩 군사를 태워 주십시오. 참, 북과 나팔도 준비해 주시고요. 아, 가장 중요한 건 배 한가운데에 짚단을 잔뜩 쌓아 두어야 한다는 것입니다."

"네? 북과 나팔, 짚으로 무얼 하시려고요?"

"화살을 만들어야지요."

제갈량은 빙그레 웃으며 태연하게 말했어.

그날 밤, 노숙은 제갈량의 말대로 배와 군사를 준비했어. 필요하다고 해서 준비는 했지만 그것으로 무엇을 할지는 도통 감을 잡을 수 없었어.

"자, 이제 화살을 가지러 가 볼까요?"

제갈량은 흰 도포 자락을 펄럭이며 밖으로 향했어.

"무얼 어쩌려는 것입니까?"

노숙이 묻자, 제갈량은 이렇게 말했지.

"궁금하시면 같이 가시지요."

그렇게 해서 노숙은 제갈량과 함께 배에 올라타게 되었어. 제갈량은 강의 상류로 배를 저어 가도록 했지. 때마침 날이 추워진 탓에 강가는 짙은 안개가 깔려 한 치 앞도 분간하지 못할 정도였어.

"스무 척의 배를 밧줄로 단단히 연결하라."

제갈량의 명령에 군사들은 배들을 밧줄로 묶어 연결하기 시작했어.

그런 뒤, 제갈량과 노숙, 군사들이 탄 배는 조조의 군사들이 있는 곳까지 나아갔어. 배가 조조의 군사들이 보일 정도로 가까이 다가갔을 때 제갈량이 명령했어.

"군사들은 모두 화살이 날아오지 못하는 제일 뒤에 있는 배로 옮겨 타도록 하라. 그리고 일제히 북을 치고 함성을 질러라. 나팔도 있는 힘껏 불어라."

"아니, 그러다 조조 군이 공격이라도 하면 어찌시려고 그럽니까?"

노숙이 새파랗게 질린 얼굴로 떨면서 말했어. 그러나 제갈량은 태연할 뿐이었어.

"걱정하지 마십시오. 조조의 군대는 우리와 싸울 엄두를 내지 못할 테니 말입니다."

그렇게 맨 뒤에 있는 배로 옮겨 탄 군사들은 제갈량의 명령에 따라 북을 치고 나팔을 불며 함성을 내질렀어.

"와아아!"

쾅쾅쾅! 징징징! 뿌우우!

북과 나팔 소리를 들은 조조의 군사들은 습격을 당한 줄 알았어. 조조는 주유에게 크게 당한 터였기 때문에 쉽사리 공격 명령을 내리지 못했지.

"짙은 안개 속에서 기습한 걸로 보니, 보이지 않는 곳에 복병을 숨겨 두었을 것이다. 배는 움직이지 말고 화살을 쏘아 고슴도치를 만들어 버려라!"

조조는 6천 명의 궁수에게 활을 쉴 새 없이 쏘라고 소리쳤지.

쉬쉬쉬쉬쉭, 쉬쉬쉬쉬쉬쉬쉬쉬쉭!

안개를 뚫고 화살이 비처럼 쏟아졌어. 제갈량은 군사들에게 계속 북을 치고 소리를 지르라고 했고, 조조 군의 궁수들은 계속 활을 쏘았지. 짚더미가 잔뜩 쌓인 빈 배 위에는 조조 군이 쏜 어마어마한 양의 화살이 꽂히게 되었어.

"이제 슬슬 돌아가 볼까?"

제갈량은 군사들에게 배를 돌리라고 명령했어.

고슴도치가 된 배를 이끌고 유유히 육지로 돌아온 제갈량은 배에 꽂힌 화살이 모두 몇 개인지 세어 보라고 했지. 군사들이 세어 보니 20만 개도 넘는 화살이 꽂혀 있었어.

"자, 이거면 되겠지요?"

제갈량의 놀라운 지혜에 노숙은 혀를 내둘렀어.

"정말 놀랐습니다. 그런데 공명 선생은 오늘 밤에 안개가 끼리라는 것을 어떻게 아셨습니까?"

"최근에 날이 갑자기 추워지기 시작했습니다. 그러니 곧 안개가 낄 것이라는 걸 짐작할 수 있었지요. 날씨를 아는 것도 병법의 하나입니다. 저는 사흘 전부터 오늘 짙은 안개가 낄 것이라고 알고 있었습니다. 그래서 사흘이라고 약속을 드린 것입니다."

'정말 놀라운 사람이로고! 날씨를 예측한 것도 놀랍지만, 조조가 배를 움직이지 않고 화살만 쏠 것이라는 것은 어찌 알았을까?'

"20만 개의 화살 중 쓸 만한 것만 추려도 15만 개나 됩니다."

군사들의 보고를 받은 노숙은 자기도 모르게 혀를 내둘렀어. 제갈량의 기가 막힌 꾀에 두 손을 들었다는 뜻이었지.

제갈량은 그 화살을 가지고 주유를 찾아갔어. 주유는 제갈량에게 고개를 숙일 수밖에 없었어.

'나 같은 인간은 도저히 이 사람을 넘을 수 없겠구나.'

주유는 제갈량에게 고개를 숙이며 지금까지 무례하게 굴었던 것을 용서해 달라고 했어.

"물론 우리 수군이 조조 군에 비해 뛰어납니다만, 수적 열세를 극복하고 조조 군을 무찌를 특별한 작전이 있으십니까? 공명 선생의 의견을 듣고 싶습니다."

"물론 있다마다요."

"아, 저도 한 가지 전략을 생각하고 있는데 들어 주시겠습니까?"

"그렇다면 우리 두 사람의 생각이 어떤지 각자 손바닥에 적어 보는 것이 어떻겠습니까?"

제갈량의 말에 주유는 얼른 붓을 가져왔어. 두 사람은 각기 자신의 손바닥에 글씨를 썼지. 그런 다음 손바닥을 펴 보였어.

놀랍게도 두 사람의 손바닥에는 똑같이 '火(불)'라는 글자가 쓰여 있었지.

"오오, 우리가 같은 생각을 하고 있었군요!"

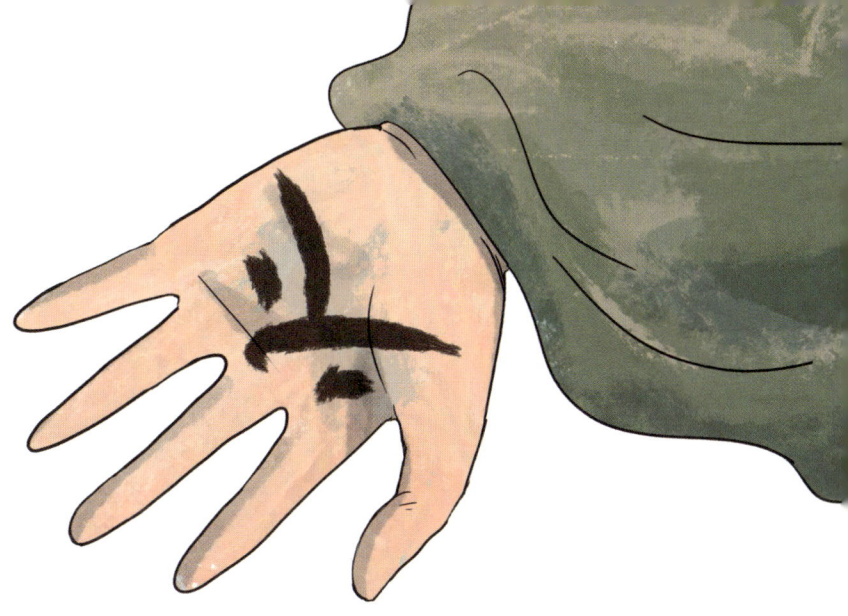

 주유는 제갈량이 자신과 같은 생각을 하고 있었다는 것에 무척 놀랐어. 전략을 세우는 데 자신만 한 사람은 없다고 여겼는데, 확실히 판세를 읽는 눈이 뛰어나다고 인정할 수밖에 없었어.
 이렇게 조조 군과 적벽에서의 일전을 앞두고 두 사람은 의기투합했어. 불을 이용한 기가 막힌 작전까지 세웠으니, 이제 조조의 숨통을 끊는 것도 얼마 남지 않았어. 제갈량은 자칫하면 작전이 적에게 새어 나갈 수도 있으니, 철저히 비밀로 하자고 말했지.

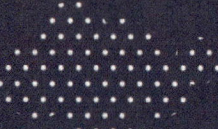

제26장

적벽대전

 주유와 제갈량이 손을 잡고 조조에 맞선 전쟁이 한창일 때, 강동의 장수 황개가 조조에게 항복하겠다는 밀서를 보냈어. 얼마 전 군사 회의 때 자기보다 젊은 상관 주유에게 대들었다가 매를 흠씬 맞은 탓이었지.

 "승상, 강동의 수군 장수 황개가 찾아와 저희에게 항복하겠다는 뜻을 밝혔습니다."

 "그래?"

 조조는 당장 황개를 데려오라고 명령했어. 맞아서 피투성이가 된 몰골로 조조 앞으로 나온 황개는 분한 얼굴로 씩씩거렸어.

 "애송이 주유가 평생을 전장에서 지낸 저를 제 부하들 앞에서 욕보였습니다. 이 치욕을 견디며 살 수는 없습니다. 제 가치를 알아주실 승상 곁에 있고 싶습니다. 제가 강동 군의 식량을 싣고 오겠습니다. 그러니 저를 받아 주십시오."

"식량이라!"

때마침 조조 군은 식량이 매우 부족한 상황이었어. 조조는 황개의 항복을 마다할 이유가 없었지.

"기회를 보아 며칠 후에 식량을 실은 배들을 끌고 오겠습니다."

말을 마친 황개는 조심스레 다시 돌아갔어.

사실 황개의 항복은 거짓이었어. 주유는 화공, 즉 불로 조조를 물리치겠다는 계획이 서자, 믿음직한 장수 황개를 불렀어. 황개는 나이도 많고 전투 경험이 아주 많은 노장이었어.

"이번 싸움은 불로 이길 겁니다. 황 장군, 조조에게 찾아가 항복하겠다고 하십시오."

"예, 알겠습니다."

황개는 주유의 말이 어떤 뜻인지 바로 알아들었지. 화공이 성공하려면 적진에 침투해야 하는데, 그 작전을 벌일 수 있는 사람이 바로 자신뿐이었지. 하지만 의심 많은 조조가 자신을 믿지 않을 것 같아서 주유에게 곤장 백 대를 때려 달라고 했어.★

"나이도 많은데 그 고통을 어떻게 감당하시겠습니까?"

"이렇게 한다 해도 의심이 많은 조조를 속이기 쉽지 않을 것입니다. 그

★ 고육지책(苦肉之策). 자기 몸을 상해 가면서까지 꾸며 내는 계책이라는 뜻으로, 어려운 상태를 벗어나기 위해 어쩔 수 없이 만든 계책을 이른다. 조조를 속이기 위해 황개가 매를 자처한 일에서 생겨난 말이다.

러니 주 도독과 나 말고는 누구도 이 작전을 알아서는 안 됩니다. 우리 편까지도 모두 속여야 합니다."

"알겠습니다."

그 시각 조조를 찾아온 사람이 있었어.

"승상, 방통이라는 자가 찾아왔습니다."

"방통? 봉추 말이냐?"

조조는 일찍이 천하 최고의 인재가 둘 있는데, 복룡과 봉추라는 얘기를 들은 적이 있었어. 복룡은 유비가 데리고 있는 제갈량을 일컫고, 봉추가 바로 자신을 찾아온 방통이라는 걸 알고 있었지. 그래서 방통을 반갑게 맞았어.

조조는 방통에게 군사들과 진영을 보여 주며 자랑했어.

"승상, 훌륭합니다. 이 정도라면 천하의 누구에게라도 승리할 것입니다. 하지만 강동은 수군이 강하고, 승상의 군사들은 북쪽 출신이라 선상 생활에 약하지 않습니까?"

"눈치챘구려. 나도 그게 고민이오."

"물에 약하다면 물 위에 육지를 만들면 됩니다."

"물 위에 육지를 만든다?"

조조의 귀가 솔깃했어.

"배들을 쇠로 만든 고리로 연결하는 것입니다. 서른 척씩 하나로 묶으면 흔들리지 않아서 멀미가 나지 않고 가라앉지도 않을 것입니다."

방통의 계책에 조조는 크게 기뻐하면서 당장 대장장이들을 모두 모아 배들을 쇠사슬로 잇는 작업을 시작했어.

조조는 방통에게 벼슬을 주겠다고 했지만, 이상하게도 방통은 계책만 알려 주고 가족에게 돌아가겠다면서 떠나 버렸어.

사실 조조에게 방통을 보낸 것은 주유였어. 방통은 형주 사람이었는데, 조조가 형주를 점령하는 바람에 원한을 갖고 있었던 거야.

"출격하라!"

어마어마한 조조 군의 함대가 출발했어. 방통의 계책대로 배와 배를 쇠사슬로 단단히 묶어서 흔들리지 않아 매우 안정적이었지.

멀리서 조조의 수군을 본 주유는 식은땀을 흘렸어. 주유가 가진 군사는 2만 명에 불과했어. 조조의 백만 대군을 상대로 도저히 이길 수가 없어 보였지.

그런데 이상한 일이 일어났어. 돌풍이 한차례 몰아치더니 조조 군의 깃발이 부러졌어. 왠지 불길했던 조조는 일단 철수하기로 했어.

그런데 이미 조조의 대군을 본 주유는 좌불안석이었어. 화공으로 조조의 배를 불태워야 하는데, 그러자면 바람이 조조 군이 있는 서쪽으로 불어야 했거든. 그러나 원래 겨울에는 동남풍이 불지 않았기 때문에 화공을 했다가 자칫 이쪽 편이 위험할 수 있었어.

그때 제갈량이 주유를 찾아왔어.

"저는 바람을 일으키고 비를 부르는 방법을 알고 있습니다. 제가 동남풍을 일으키도록 하겠습니다."

"그런 일을 할 수 있다고요?"

제갈량은 단을 쌓아 주면 동남풍을 일으키고 이틀 뒤 동남풍이 그치도록 하겠다고 했어. 주유는 즉시 병사들에게 단을 쌓아 올리라고 명했어.

단이 완성되자 제갈량은 단 위로 올라가 기도를 올리기 시작했어.

"아무리 제갈량이라도 해도 바람을 불러오지는 못할 것이야."

제갈량이 해 달라는 대로 제단까지 쌓아 주었지만, 주유는 제갈량의 말을 곧이곧대로 믿지는 않았어. 사람이 바람과 비를 부를 수 있을 리가 없잖아. 그런데 제갈량이 기도를 시작하고 얼마 지나지 않아 깃발이 바람에 흔들리기 시작했어.

"도독! 동남풍이 불기 시작합니다!"

"이, 이, 이럴 수가! 제갈량은 사람이 아니라 신이로구나!"

주유는 당장 제갈량의 목을 베라고 했어.

"그게 무슨 명령입니까?"

노숙이 물었어.

"저런 자를 살려 두면 우리가 망한다. 제갈량을 살려 두면 안 된다! 당장 끌어내려 죽여라!"

부하들이 단 위로 올라갔어. 하지만 제갈량은 사라진 뒤였지. 자신이 할 일을 모두 마치면 주유가 자기를 죽이리라는 걸 알고 미리 도망갔던 거야. 사실 제갈량은 이 지역에 매년 그즈음 이삼 일 동남풍이 분다는 사실을 알고 있었어. 하지만 겨울에는 당연히 북서풍이 분다고 다들 믿었기에, 화공 작전을 그대로 밀어붙이기 위해 기도로 바람의 방향을 바꾸겠다고 한 거야. 그 말은 믿을 거 같았거든.

"도독, 이제 제가 갈 시간이 되었습니다."

황개는 여러 척의 배 위에 생선 기름과 마른풀, 나뭇가지 등을 잔뜩 실은 뒤, 붉은 천으로 덮고 조조 군 진영으로 향했어.

조조는 식량을 싣고 오겠다는 황개를 기다리고 있었어. 약속한 시각이 되자, 군선 여러 척이 다가오는 것이 보였어. 조조는 그것을 보고 황개가 약속한 식량을 싣고 온다고 생각했지.

"승상, 아무래도 이상합니다. 약속대로 군량과 무기를 실은 배라면 무거워서 뱃전이 깊이 가라앉아 있을 것입니다. 그런데 저 배들은 모두 가볍고 빠르지 않습니까?"

신하의 말에 조조는 비로소 자신이 속았다는 것을 알았어.

"저 배를 막아라!"

그때 동남풍이 거세게 불어왔어. 바람은 조조가 있는 쪽으로 불어왔지.

"큰일이다. 만약 적군이 불을 이용해 공격한다면 막을 길이 없다."

조조는 곧장 부하 장수 중 하나인 문빙에게 명령을 내렸어.

"빨리 나가서 적선이 진영 안으로 들어오지 못하도록 막아라!"

그러나 문빙이 미처 대답도 하기 전에 화살이 쌩하고 날아왔지. 문빙은 화살을 맞고 풀썩 쓰러지고 말았어. 다른 군사들도 비 오듯 날아오는 화살을 피해 허둥지둥 도망치기에 바빴지. 그사이 들이닥친 황개는 유황과 마른풀을 숨겨 둔 배에 불을 지르기 시작했어.

조조 군의 배는 쇠사슬로 단단히 연결되어 있어서 불이 붙자 배에서

배로 불길이 옮겨 가면서 걷잡을 수 없을 정도로 빠른 속도로 번지기 시작했어.

"으아아악!"

여기저기서 비명 소리가 나고 불덩어리들이 날아다니기 시작했어. 불지옥이 벌어진 거야. 조조의 군사들은 강물로 뛰어들기 시작했지.

"도망치지 말고 불을 꺼라! 당장 불을 꺼!"

조조가 소리쳤지만, 군사들은 우왕좌왕 도망치기 바빴어. 그사이 불은 강변에 있던 진영까지 번져서 군량미 창고, 무기 창고, 말, 다른 군수 물자까지 순식간에 삼켜 버렸지.

바로 이 순간, 주유가 총공격을 명령했어.

"자, 이제 총공격을 시작하라! 조조 군을 남김없이 불태워라!"

불을 피해 이리 뛰고 저리 뛰는 조조의 군사들을 향해 엄청난 양의 화살이 쏟아졌어. 군사들은 외마디 비명도 남기지 못하고 쓰러지고 말았지.

조조는 작은 병선에 옮겨 타고 도망치기 시작했어. 그때 배 한 척이 나타났어. 고육지계, 늙은 몸을 희생해서 화공 작전을 성사시킨 장본인, 바로 황개가 탄 배였지.

"네 이놈, 역적 조조야. 어디로 도망치려느냐? 순순히 이 황개의 칼을 받아라!"

황개는 조조를 향해 칼을 휘둘렀어. 더 이상 피할 곳이 없다고 생각한 조조는 눈을 질끈 감았어. 황개의 칼이 조조의 머리 위로 파고들려는 찰나, 피융 하는 소리와 함께 화살이 날아왔어. 그 화살은 정확히 황개의 오른쪽 어깨를 명중시켰지. 조조의 부하 장수 장료가 조조를 구하기 위해 활을 쏘았던 거야.

황개가 쓰러지자, 장료가 달려와 조조를 호위했어. 덕분에 조조는 무사히 빠져나와 땅 위로 도망칠 수 있었어. 하지만 조조를 붙잡으려는 군사들의 추적이 계속되었어.

"조조를 사로잡아라!"

조조와 장료는 정신없이 말을 몰아 산속으로 도망쳤어.

그사이 간신히 목숨을 구한 군사들이 달려와 조조를 호위했지. 그렇게 목숨을 건지고 도망친 군사의 수는 겨우 3천 명밖에 되지 않았어. 주유가 이끄는 군사 2만 앞에 백만 대군이 완전히 패한 거야.

천하통일의 야망을 품은 조조가 무릎을 꿇은 이 전투가 바로 '적벽대전'이었어.

육지로 도망친 조조는 우거진 숲속으로 도망쳤어. 더는 달릴 기력이 없는지 조조가 탄 말이 비틀거리기 시작했지.

"크하하, 크하하하!"

갑자기 조조는 정신이 나간 듯 웃음을 터트렸어. 옆에서 조조를 호위하던 장료가 고개를 갸웃했어.

"승상, 왜 그러십니까?"

"나는 오늘 공격에 적잖이 놀랐다. 제갈량과 주유가 대단하다고 생각했지. 그런데 그 녀석들도 별것 아닌 모양이야. 나라면 이곳에 군사를 매복해 두었을 텐데."

"아아!"

"그랬다면 나는 꼼짝없이 당했을 게 아닌가?"

조조의 말이 채 끝나기도 전에 어디선가 말 달리는 소리가 요란하게 울리더니 한 떼의 군사가 쏟아져 나오는 게 아니겠어?

두두두, 두두두두!

"이놈 조조야! 상산의 조자룡이 제갈 군사의 명령을 받고 네놈을 기다리고 있었다!"

"조, 조자룡?"

조조는 너무 놀라 하마터면 말에서 떨어질 뻔했어. 장판교에서 조운이 어린 아기를 품에 안고 얼마나 맹렬하게 싸웠는지 익히 잘 알고 있었기 때문이지. 조운의 공격을 받은 군사들은 흩어지기 시작했어. 조조는 조운을 피해서 계곡 사이로 몸을 숨겼지.

조조가 제갈량을 비웃었지만, 제갈량은 조조가 도망갈 길까지 미리 알고 있었어.

그렇게 얼마나 도망갔을까? 조금 전까지만 해도 추적추적 내리던 비

가 그치고, 거짓말처럼 밝은 해가 얼굴을 내밀었어.

"크하하, 크하하하!"

조조가 또 갑자기 정신이 나간 듯 웃음을 터트렸어.

"승상, 이번에는 또 왜 그러십니까?"

"제갈량이나 주유는 역시 조금 모자라는 인물들이 아니냐? 나라면 이곳에도 틀림없이 군사들을 숨겨 두었을 것이다. 그렇다면 우리는 살아서 돌아갈 수 없을 테지."

바로 그 순간, 우레와 같은 함성이 몰아치더니 불화살이 비 오듯 날아오기 시작했어.

"역적 조조는 어서 목을 내놓아라! 장비가 여기서 기다린 지 오래다!"

조조의 주변은 삽시간에 불바다가 되고 말았어. 바람처럼 나타난 장비의 군사들은 사정없이 조조의 군사들을 공격했지. 허저, 장료, 서황 등 조조의 장수들이 모두 힘을 합쳐 장비를 막아섰어. 하지만 여럿이 힘을 합쳐도 장비를 막기에는 어려웠지. 장수들이 장비의 공격을 막는 사이, 조조는 갑옷도 벗어 던지고 황급히 도망쳤어.

"승상, 이 일을 어찌합니까! 이제 남은 병사는 300여 명이 될까 말까 합니다. 그것도 부상 당하지 않은 병사는 한 사람도 없고요."

"일단 몸을 피하자. 여기서 살아남아야 다시 공격하든 말든 할 것이 아니겠느냐!"

그렇게 도망치던 조조 일행은 두 갈래의 갈림길에 이르게 되었어. 하나는 큰길로 통했고, 다른 하나는 험난한 산길로 이어져 있었지.

잠시 주위를 살펴보던 조조는 산길로 가자고 명령했어. 그러나 부하 장수들은 산길로 가는 게 위험할 것 같다고 말했지. 산길 저 멀리서 연기가 피어나는 게 보였던 거야.

"분명 복병이 있을 것 같습니다."

"차라리 큰길로 가시지요."

"아니, 저건 제갈량의 속임수다. 일부러 불을 피워 복병이 있는 것처럼 꾸며 우리를 큰길로 유인하려는 속임수란 말이다!"

조조는 장수들에게 산길로 가자고 명령했어.

장수들은 잠자코 그의 명령에 따랐지. 산길은 몹시 춥고 험해서 지치고 부상까지 입은 병사들은 거의 낙오되거나 목숨을 잃었어.

얼마쯤 걷던 조조가 산마루에 올라서서 주위를 둘러보았어.

"크하하, 크하하하!"

조조는 또다시 정신이 나간 듯 웃음을 터트렸어. 장수들과 군사들은 이제 그 웃음소리가 소름끼칠 지경이었지.

"승상, 왜 웃으십니까?"

"하하! 어찌 웃지 않고 배길 수가 있겠는가? 제갈량이 이곳에 군사들을 숨겨 두지 않았다는 것이 우습지 않으냐? 여기라면 천하의 조조라도 꼼짝하지 못하고 사로잡히고 말 텐데!"

조조는 제갈량의 지혜가 그리 대단한 건 아닌 것 같다며 코웃음 쳤어.

"와아아아아!"

갑자기 산을 무너뜨릴 듯한 소리가 나더니, 사방에서 수천 명의 군사가 함성을 지르며 달려 나왔지. 그리고 조조의 앞으로 적토마를 탄 관우가 나타났어.

"불을 피운 것은 조조 당신을 이 길로 끌어들이기 위한 것이었소. 의심이 많은 당신은 일부러 연기가 오른 장소로 지나갈 것이 틀림없다고 제갈 군사가 말했소."

"제갈량, 이놈이!"

이를 갈며 분통을 터트리는 조조를 향해 관우는 청룡언월도를 높이 치켜들었어.

"아아, 나는 이제 정말로 끝이로구나!"

조조는 하늘을 우러러 탄식하고는 모든 걸 체념한 듯 고개를 떨구었어. 조조의 뒤를 따르던 장수와 군사들도 모두 마찬가지였어. 그들은 이제 칼을 들 힘조차 남아 있지 않았지.

조조는 모든 걸 포기하는 듯하더니 갑자기 얼굴을 바꾸고 관우에게 무릎을 꿇으며 말했어.

"운장, 허도에서 작별한 후 참으로 오랜만에 만나는구려. 지금 나는 적벽에서 대패를 당하고 위기를 넘기며 여기까지 왔소. 운장, 내게 만약 조금이라도 은혜를 입었다고 생각한다면, 그 정을 생각해 제발 나를 돌려보내 주시오."

조조는 비굴한 표정으로 고개를 숙이며 애걸했어.

"그 은혜는 원소 군의 안량, 문추를 죽여 이미 갚았소!"

그러자 조조는 고개를 떨군 채 눈물까지 흘렸지.

"운장, 그대를 유비에게 보내기 싫어서 일부러 작별 인사를 받지 않았던 것을 기억하시오? 그대가 유비 부인들을 데리고 다섯 관문을 지나며 그곳을 지키던 장수들을 베었을 때 그래도 나는 그대를 보내 주었소. 설마 그 일을 잊은 건 아니겠지요?"

"……."

관우는 눈을 감은 채 멈칫했어. 그토록 당당하던 조조가 고개를 숙이고 눈물을 흘리는 것을 보니 도저히 벨 수가 없었어.

"……가시오."

"나를 살려 주는 거요?"

"내 마음이 변하기 전에 어서 가시오!"

관우는 눈을 감은 채 말 머리를 돌려 버렸어.

그 순간 조조는 잽싸게 도망쳤지. 그렇게 도망친 조조는 밤이 깊어서야 조인이 지키는 남군성에 도착했어. 살아남은 군사는 겨우 서른 명 남짓이었어.

조조를 살려 보낸 관우는 무거운 발걸음으로 터벅터벅 유비가 있는 곳으로 돌아왔어.

"조조는 어찌 되었습니까?"

제갈량이 묻자, 관우는 무릎을 꿇으며 말했어.

"죄송합니다. 군율(군대 내의 법)에 따라 저의 목을 베십시오."

"감히 역적 조조를 살려 두었단 말입니까?"

"소신, 죽어도 할 말이 없습니다."

"당장 군율대로 목을 자를 테니 원망하지 마십시오!"

제갈량은 당장 관우의 목을 베라고 명령했어. 그러자 유비가 나서서 관우를 감싸며 부탁했지.

"제갈 군사, 부디 내 아우를 용서해 주십시오."

"주군!"

"관우로 말하면, 도원에서 나와 살고 죽는 것을 같이하기로 맹세한 형제입니다. 제갈 군사가 관우의 목을 베면 나 또한 살 수가 없습니다. 그러니 제발 노여움을 풀고 관우를 살려 주십시오."

유비가 이렇게까지 애원하니 제갈량은 더 이상 관우를 처형하자고 할 수가 없었어.

"죄송합니다. 다시는 이 같은 일을 벌이지 않겠습니다."

관우는 눈물을 흘리며 잘못을 빌고는 쓸쓸히 돌아갔어.

사실 이것은 제갈량과 유비가 서로 짜고 한 연극이었어. 제갈량은 처음부터 관우가 조조를 놓아줄 것을 알았던 거야.

"관 장군은 아마 조조를 맞닥뜨리면 그를 살려 보내 줄 것입니다. 조조의 신세를 졌으니, 의리를 중요하게 여기는 관 장군은 그렇게 할 수밖에 없을 것입니다. '수인사대천명'이라 했습니다. 사람으로서 자신이 할 수 있는 일은 어떤 것이든 노력해 최선을 다한 뒤에, 하늘의 뜻을 받아들여야 하는 것 아니겠습니까? 저로서는 할 일을 다 했고, 조조의 생사는 하늘에 맡길 수밖에 없습니다. 더구나 천문을 보니 조조는 이번에 죽을 운이 아닙니다. 차라리 관 장군에게 옛 은혜를 갚을 기회나 주는 것이 좋겠습니다."

"좋은 생각입니다. 관우는 늘 조조에게 신세를 졌던 것을 신경 쓰고 있었으니 말입니다."

이렇게 해서 유비와 제갈량은 일부러 관우를 마지막 매복지로 보냈던 거야.

"제갈 군사, 아무리 그래도 관우의 목을 베겠다고 한 것은 너무 심했던 거 아닙니까?"

"허허, 저는 주군께서 막을 줄 알고 있었습니다."

"아니, 거기까지 내다보고 있었단 말입니까?"

제갈량이 관우의 목을 베겠다고 서슬 퍼렇게 소리친 것은 군율을 엄하게 세우기 위해서였어. 군율이 흔들리면 군대를 통솔하기 어렵고, 그러면 강한 군대를 만들 수가 없거든.

제27장

네 개의 군을 차지한 유비

　손권과 조조의 싸움은 손권의 대승리로 끝이 났어. 덕분에 유비는 형주성과 양양성, 남성을 차지할 수 있었지.

　"이 모든 게 제갈 군사의 치밀한 작전 덕분이다."

　"와!"

　"제갈 군사, 만세!"

　유비는 모든 장수 앞에서 제갈량의 능력을 칭찬했어. 군사들의 사기는 하늘을 찌를 듯했지.

　제갈량은 이번 기회에 형주 주변의 도시들까지 모두 차지하자고 했어. 유비는 장수인 마량*과 군사를 보내 장강 건너의 도시인 무릉, 장사, 계양, 영릉 등을 손에 넣을 수 있었어.

★ 새롭게 등용한 형주 지역의 인재. 마씨 다섯 형제가 모두 뛰어나나 그중에서도 으뜸이라고 소문이 난 장수다. '백미(白眉)'라는 말이 여기에서 비롯됐다.

유비 군은 순식간에 남방의 네 개의 군을 차지했어. 이것으로 유비는 형주에서 입지를 단단하게 만들 수 있었지.

유비가 이렇게 승승장구하자, 황충과 위연이라는 장수가 찾아왔어. 두 사람은 원래 장사의 태수인 한현의 부하들이었는데, 유비에게 목숨을 바치겠다며 충성을 맹세했지.

"유 황숙께선 우리를 공격했지만, 백성들의 피해를 최소화하기 위해 군사들을 논밭으로 지나가지 못하게 하셨습니다."

"덕분에 백성들이 힘들게 지은 농작물이 무사할 수 있었습니다."

황충과 위연은 그렇게 백성을 위하는 유비의 인품을 알아봤던 거야.

그 후로도 많은 장수들이 유비를 찾아왔어. 그들은 하나같이 유비가 사람을 귀하게 여기며 아끼는 모습을 보고 찾아온 것이었지. 덕분에 유비 곁에는 쟁쟁한 실력을 갖춘 장수들이 늘어나게 되었어.

"부족한 내가 큰 힘을 얻게 된 것은 모두 제갈 군사 덕분입니다. 그러나 강동이 가만있지 않을 것 같아 걱정입니다."

유비의 말에 제갈량이 대답했어.

"손권은 사실 종이호랑이나 마찬가지입니다. 손권은 대군을 일으켜 조조를 이겼지만, 그 덕분에 전력을 많이 소모하게 되었습니다. 게다가 그들이 전쟁을 통해 차지한 성은 파릉과 한양성 단 두 곳뿐입니다."

제갈량은 그 때문에 언젠가 손권이 시비를 걸지도 모른다고 말했어.

"흠!"

"그럴 만하지 않습니까? 재주는 강동의 손권이 부렸는데 정작 이득을 취한 건 우리니까요."

"맞습니다. 나라도 분통이 터질 것 같습니다."

유비도 고개를 끄덕이며 인정했어.

아니나 다를까, 며칠 뒤 노숙이 유비를 찾아왔어. 노숙은 강동의 대도독인 주유의 편지를 유비에게 전달했어.

> 이번 전쟁에서 가장 큰 공을 세운 것은 우리인데
> 이득은 유 황숙께서 모두 차지하셨습니다.
> 그러니 형주는 우리에게 양보하십시오.
> - 주유

편지를 본 유비는 절대 받아들일 수 없다고 말했어.

"형주로 말할 것 같으면 집안 형님 유표가 다스리던 곳이오. 나는 유표의 아들이자 형주 태수인 유기의 아저씨뻘인 데다가, 유기의 요청으로 함께 형주를 다스리고 있소. 더군다나 원래 형주는 유표 형님이 죽기 전에 내게 다스려 달라고 부탁한 땅이 아니오? 나는 유기를 도와 형주를 지키는 데 온 힘을 다할 것이오."

유비는 노숙에게 단호하게 말했어. 이럴 때를 대비해 유비와 제갈량은 말을 맞춰 두었거든.

"그러지 말고 저희 주군께 형주를 돌려주십시오. 따지고 보면 조조를 물리쳐 형주를 되찾은 건 우리 강동의 공이 아닙니까?"

노숙도 물러서지 않았어. 유기의 후원자인 척 뒤로 물러나 있지만 형주의 실권은 유비가 쥐고 있었으니까.

그 말을 들은 장비가 앞으로 나서며 기가 막히다는 듯이 크게 웃음을 터트렸어.

"으하하하! 노 대인은 정말 재미있는 사람이구려. 우리가 형주를 빌려 온 것도 아닌데 돌려달라니?"

장비의 말을 들은 노숙은 따끔하게 말했어.

"말씀 잘하셨습니다. 빌린 건 갚아야지요."

"우리가 무얼 빌렸단 말이오?"

장비가 콧김을 내뿜으며 물었어.

"유 황숙께선 지금 세상에 이름을 떨치고 있지만, 예전에는 한낱 돗자리나 팔던 장사꾼이 아닙니까? 장 장군도 마찬가지요. 원래는 돼지고기를 파셨다지요?"

"그게 무슨 상관이오?"

장비가 짜증스러운 표정으로 노숙을 바라보았어.

"돌려 말하지 않겠습니다. 유 황숙, 우리가 적벽에서 조조를 물리쳤기 때문에 여러분이 위기에서 벗어날 수 있었습니다. 얼마 전까지만 해도 조조에게 쫓기던 것을 잊은 건 아니겠지요?"

노숙의 말을 들은 유비는 어떻게 대답해야 할지 잠시 고민했어.

바로 그때 제갈량이 나섰어.

"원래 유 황숙의 땅이나 마찬가지였던 형주를 내놓으라니, 이런 식이라면 손 장군이 동탁이나 조조와 다를 게 무엇입니까?"

"어찌 우리 주군을 그런 자들과 비교하십니까?"

노숙이 발끈하자, 제갈량이 다시 말을 이었어.

"적벽에서 주 도독이 나를 죽이려 했던 것을 모를 줄 아닙니까? 앞에서는 협력하는 척하며 등 뒤에 날카로운 칼을 숨겼으니, 조조 같은 자나 하는 일이 아닙니까?"

"그, 그건!"

"원래 주 도독은 조조에게 항복하고 나를 죽인 다음에 유 황숙을 인질로 바치려 했습니다. 그건 노 대인도 잘 아는 사실이잖습니까?"

노숙은 아무 말도 할 수가 없었어. 주유의 원래 속셈이 그랬다는 것을 누구보다 잘 알고 있었으니까.

"그 일은 더 이상 묻지 않겠습니다. 그러니 이만 돌아가십시오."

결국 노숙은 끝내 아무 소득도 얻지 못하고 강동으로 돌아가야만 했어.

그렇다면 적벽대전에서 크게 패하고 죽을 고비에서 간신히 살아 돌아온 조조는 어떻게 되었을까?

포기를 모르는 조조는 허도로 돌아와 그 즉시 군사를 정비하기 시작했어. 어떻게든 자신을 공격한 손권과 유비에게 복수를 하고 싶어서였지.

"에잇, 어쩌다 형주 땅까지 유비의 손에 넘어가고 만 거람!"

조조가 발을 구르며 속상해하자, 책사인 순욱*이 나섰어.

"승상, 형주 땅에 더 이상 미련을 갖지 마십시오. 그 땅은 언젠가는 우리가 잃게 될 곳이었습니다. 기왕 잃는다면 손권보다는 유비에게 잃는 것이 낫습니다."

"그건 또 왜지?"

"지금 손권과 유비는 뼈다귀를 놓고 싸우는 개 두 마리나 마찬가지입니다. 이번에는 작고 약한 놈이 뼈다귀를 채 갔지만, 큰 놈이 그 꼴을 두고 볼 리 있겠습니까? 언젠가 쫓아가 뼈다귀를 다시 빼앗을 겁니다."

"그 말은 손권과 유비가 형주 땅을 두고 싸울 거란 뜻이로군. 작고 약한 개는 유비를 뜻하는 것이고, 크고 강한 개는 손권을 뜻하는 것이렷다?"

"예, 그러합니다. 개 두 마리가 뼈다귀 하나를 두고 서로 물고, 뜯고, 싸우는 것을 지켜보십시오. 그러다가……."

"그러다가?"

"둘의 기운이 다 빠지면 승상께서 다시 군사를 일으켜 그들을 공격하는 것입니다."

★ 조조의 책사. 원래 원소의 부하였다. 하지만 원소가 큰일을 이루지 못할 인물이라는 걸 깨닫고, 조조를 찾아가 함께한다.

"오호라, 역시 순욱일세!"

조조는 한결 가벼운 표정으로 활짝 웃었어.

강동으로 돌아간 노숙은 손권에게 유비의 뜻을 전달했어. 그러자 손권은 몹시 화를 내며 자리에서 벌떡 일어났어.

"유비 그자가 겉으로는 인품이 어진 척하더니 속으로는 그런 고약한 생각을 하고 있었군!"

"주군, 이럴 게 아니라 당장 유비를 공격하셔야 합니다!"

신하들이 손권에게 당장 군사를 일으켜 유비를 공격하고 형주 땅을 되찾아야 한다고 주장했어. 그러나 노숙이 단호하게 반대했지.

"참으십시오."

"아니, 어째서?"

"우리가 유비와 싸움을 벌인다면 가장 좋아할 사람이 누구겠습니까? 바로 조조입니다. 우리가 형주로 가서 유비를 공격하는 사이 조조가 공격해 온다면 어찌 막을 수가 있겠습니까?"

노숙의 말을 들은 손권은 눈을 지그시 감고 결정을 내렸어.

"좋소. 이 일은 유비가 원하는 대로 놔둡시다."

"실로 현명한 판단입니다, 주군."

노숙이 머리를 숙이며 말하자, 손권은 깊은 한숨을 내쉬며 말했어.

"이 일을 주 도독이 알게 되면 어찌 될 것 같소?"

"틀림없이 출정하자고 주장할 것입니다. 어쩌면 주군의 명령을 어기고

군사를 일으켜 형주를 공격할지도 모르고요."

"음, 내 생각도 그러하오. 돌아가신 내 형님께서 나라 밖 일은 모두 주유에게 맡기라고 유언했지만, 어쩐지 위험할 것 같소이다. 주 도독은 능력은 뛰어나지만, 자존심이 너무 강하니까."

"주군, 제가 만나 직접 설득해 보겠습니다."

"그렇게 해 줄 수 있겠소?"

노숙은 고개를 끄덕였어.

그길로 노숙은 주유를 찾아갔어. 그리고 손권이 내린 결정을 알려 주었지. 주유는 이를 바득바득 갈았어.

"안 됩니다. 이건 모두 제갈량의 잔꾀가 분명합니다. 당장 형주로 쳐들어가야 합니다!"

"참으십시오. 주군의 명령을 거역하실 참입니까?"

주유는 분노에 몸서리쳤어.

"당장 형주성으로 가야겠습니다!"

"그게…… 형주성은 이미 장비가 점령하고 있습니다. 양양성은 관우가 점령해 유비 군의 깃발을 높이 매달았고요."

"아니, 대체 제갈량이 무슨 수를 썼기에 그들이 피 한 방울 흘리지 않고 그 땅을 모두 차지했다는 것입니까!"

주유는 제갈량을 죽이고 말겠다며 소리를 내질렀어.

"도독, 지금은 주군의 말씀대로 섣불리 싸우지 않는 게 좋겠습니다."

하지만 가만히 참고만 있을 주유가 아니었어.

"아니, 주군께 아뢰어 군사 3만을 얻어야겠습니다. 이 주유가 한 달 안에 반드시 형주성을 찾아오겠습니다!"

"예?"

"지금 당장 주군께 전해 주십시오!"

주유가 소리를 질렀어. 노숙은 그 모습을 보고 답답한 표정을 지었지.

제28장

주유의 가슴에 꽂힌 화살

> 주 도독, 한 달 안에 남군성에 남아 있는
> 조조의 무리를 무찌른다면 형주를 넘겨주는 것을 생각해 보겠소.
> 허나, 만약 한 달 안에 남군성을 차지하지 못하면
> 우리가 그 성을 차지할 것이오.
> – 제갈량

얼마 뒤 제갈량이 보낸 편지를 본 주유는 약이 잔뜩 올랐어. 하지만 형주를 얻을 수 있다면 이런 치욕은 얼마든지 견딜 수 있었어. 주유는 당장 군사를 일으켜 남군성을 치기로 마음먹었어.

조조는 적벽대전 후 육촌 동생인 조인을 남군성에 남겨 지키게 했어. 주유는 조인을 공격해 남군성을 차지하고 난 뒤 제갈량에게 형주 땅을 내놓으라고 말할 생각이었어.

깊은 밤, 주유의 군사들이 남군성으로 몰려갔어. 그런데 성 앞에 도착하자 조조의 군사들이 황급히 빠져나가는 것이 보였어.

"저놈들이 대체 어디로 가는 것일까요?"

주유의 부하 장수인 감녕이 물었어.

"아까 저들 무리 중에 상장군 조인이 있더냐?"

"아닙니다."

"그렇다면 조인이 나올 때까지 여기서 기다리자."

주유의 군사들은 주유의 명대로 조인이 나오기를 기다렸어.

그렇게 얼마나 기다렸을까? 드디어 상장군 조인이 호위 군사와 함께 성 밖으로 나오는 것이 보였어.

"도독, 저기 조인이 나왔습니다."

"공격하라!"

주유가 곧바로 명령을 내렸어.

"저기 적장 조인이 있다, 저놈을 잡아라!"

그런데 조인은 주유의 군사들을 발견하자, 맞서 싸우지 않고 북쪽으로 도망쳤어. 다급해진 주유는 말을 타고 달려 나가 조인의 앞을 가로막으려 했지. 하지만 조인이 주유보다 한발 빨리 도망쳐 버렸어. 조인을 놓친 주유는 단념하고 성안을 살피고 온 부하 장수에게 물었어.

"성안에 남은 병사들은 없느냐?"

"예, 도독. 아무도 없습니다."

주유는 직접 성안으로 들어가 살펴보겠다고 했어.

남군성은 매우 고요했어. 쥐새끼 한 마리 보이지 않을 정도였지.

"왜 이렇게 조용한 거지?"

성안을 살펴보던 주유는 고개를 갸웃했어. 그러자 부하 장수 여몽*이 당연하다는 듯 대꾸했지.

"그야 군사들이 모조리 도망쳤으니 그렇겠지요."

"하지만 뭔가 이상해."

바로 그 순간 성문이 쿵 하고 닫히는 소리가 났어. 주유는 비로소 모든 게 함정이라는 걸 깨달았지.

"조인이 우리를 이곳으로 유인하려고 도망쳤던 거야!"

주유는 당장 군사들에게 몸을 피하라고 소리쳤어.

그때 성루에 몸을 숨기고 있던 조조의 군사들이 화살을 쏘아 대기 시작했지. 성안은 아수라장이 되었어. 닫힌 성문을 열고 밖으로 나가려는 병사들이 우왕좌왕하는 데다 여기저기서 불화살이 날아오는 바람에 곳곳에 불이 났던 거야.

"도독을 지켜라!"

★ 손권이 매우 아낀 장수. 열여섯 살부터 전투에 나갔을 정도로 싸움을 잘했다. 하지만 학식이 부족했고, 왕에게 글을 올릴 때 글을 잘 못 써 말로 할 정도였다. 뒤늦게 책을 읽어 학식이 높아지며 '괄목상대(刮目相對)'라는 말이 생겨났다. 나중에 관우를 잡기 위한 치밀한 전략을 세워 성공한다.

여몽은 주유의 곁으로 다가가서 방패를 치켜들었어.

바로 그때 한 대의 화살이 날아와 주유의 왼쪽 가슴에 그대로 꽂히고 말았지.

"으윽!"

주유는 외마디 비명을 지르며 말과 함께 땅바닥에 그대로 고꾸라졌어.

"도, 도독!"

여몽과 호위 군사들이 화들짝 놀라며 말에서 뛰어내려 주유의 곁으로 몰려들었어.

그 순간 닫혔던 성문이 열렸어. 여몽은 다급히 주유를 둘러업고 성문을 빠져나갔어. 주유의 군사들이 성 밖으로 몰려나오자, 밖에서 기다리고 있던 조인이 공격을 시작했어.

"한 명도 살려 보내서는 안 된다!"

"와아아!"

조인의 명령에 조조의 군사들이 함성을 지르며 달려들었어.

여몽은 주유를 업고 숲 쪽으로 뛰어갔지. 부하 장수인 서성과 정봉도 주유의 곁에 바짝 붙어서 적의 공격을 막아 냈어.

간신히 목숨을 건진 주유는 치료를 받기 위해 의원을 불렀어.

"흐음, 화살촉에 독이 있었던 모양입니다."

"독? 그럼 위험하다는 건가?"

"이 독을 고치려면 적어도 백 일 동안은 쉬셔야 합니다. 그리고 절대 화를 내서는 안 됩니다."

"이런 상황에서 어찌 화를 내지 않는단 말이냐!"

주유가 버럭 소리를 질렀어. 순간, 그의 표정이 고통으로 잔뜩 일그러졌지.

"도독, 괜찮으십니까?"

"으윽!"

주유는 상처의 고통이 너무 심해서 신음했어.

"도독, 지금이라도 철군하셔야 합니다."

"그럴 수는 없다. 이렇게 많은 병사를 잃고, 남군성을 얻지 못하면 주군께서 나를 어찌 생각하겠느냐? 그리고 제갈량은 또 나를 얼마나 업신여기겠느냐?"

자존심이 강한 주유는 상처를 치료받는 와중에도 제갈량의 편지를 떠올리며 분통을 터트렸어.

"일단 무조건 쉬셔야 합니다."

그때였어.

"겁쟁이 주유야! 네가 화살을 한 대 맞고 나더니 겁에 질려 꼼짝을 못하는구나!"

저 멀리서 조조의 군사들이 주유를 놀리는 소리가 들려왔어. 주유의 얼굴이 잔뜩 찌그러졌지.

"저런, 쳐 죽일 놈들 같으니라고! 당장 갑옷을 가져오너라. 저놈들을

모조리 박살 낼 것이다."

조조 군의 놀림은 밤낮없이 계속되었어. 조조 군은 북을 울리고 나팔을 불며 주유를 놀려 댔지.

"에잇!"

주유는 적군들이 떠들어 대는 욕을 듣고 칼을 뽑다가 피를 토하며 쓰러지고 말았어. 놀란 장수들이 주유의 곁으로 모여들었어. 그러자 주유가 나지막한 소리로 소곤소곤 말했어.

"너희는 지금 곡을 하거라. 그러면 적군은 내가 죽은 줄 알고 긴장을 풀 것이다."

"예, 도독!"

주유는 자신이 피를 토하며 쓰러진 뒤 죽었다는 소문을 내도록 했어. 그 소문은 삽시간에 퍼져 유비의 귀에까지 들어갔지.

"주유가 죽다니, 그럴 수가!"

그 말을 들은 제갈량이 씩 웃었어.

"주군, 이건 틀림없는 속임수입니다."

"아니, 그건 또 무슨 소리입니까?"

"주유가 정말로 죽었다면 그의 부하 장수인 정보가 사람을 보내어 동맹군인 우리에게 도움을 요청했을 것입니다. 그런데 아직 우리에게 도움을 청해 오지 않았습니다."

"아아!"

"아마 주유는 어떻게 하든지 조인을 자신의 진영으로 유인해서 수모를 되갚으려 할 겁니다."

그러면서 제갈량은 유비에게 당장 군사를 남군성으로 보내는 것이 좋겠다고 했어.

"아니, 어째서요?"

"주유와 조인이 정신없이 싸우는 틈에 그 성을 차지해야 합니다."

유비는 제갈량의 말을 듣고 망설였어. 주유가 위험에 처해 있는 틈을 타서 남군성을 차지하는 게 옳지 않은 일 같았던 거야.

"주군, 남군성은 군사적 요지입니다. 우리의 세력이 커져야만 주유가 우리를 존중해 줄 것입니다. 만약 우리가 남군성을 포기한다면 주유는 우리를 계속 무시할 게 분명합니다."

"흐음!"

"게다가 저는 이미 주유와 약속을 했습니다. 강동 군이 한 달 안에 남군성을 차지하지 못하면 우리가 대신 차지하겠다고요. 마침 오늘이 약속한 마지막 날입니다."

"그렇다면 제갈 군사의 뜻대로 하십시오."

유비는 마지못해 남군성을 공격하는 일을 허락했어.

그사이, 자신이 죽었다는 소문을 낸 주유는 조인의 군사들이 긴장을 풀고 느슨하게 행동하는 것을 지켜보았지.

"크크, 그래, 오늘 밤 놈들을 싹 쓸어버려야겠다."

주유는 동서남북으로 군사를 숨겨 두고 밤이 되기만을 기다렸어. 그러다 밤이 깊자, 공격 개시를 명령했지. 주유가 죽은 줄 알고 마음 놓고 있던 조인의 군사들은 물밀듯 밀려오는 주유 군의 공격에 속수무책으로 당하고 말았어.

"크크크!"

주유는 조인의 군사들을 무찌르고 통쾌한 웃음을 터트렸지. 그러고는 남군성을 뺏으려고 군사를 이끌고 달려갔어. 하지만 선봉에 섰던 군사들이 허겁지겁 달려와 소리쳤어.

"나, 남군성을 빼앗겼습니다!"

"뭐라? 누가 남군성을 공격했단 말이냐?"

"조운이 차지하고 있습니다!"

"이놈, 제갈량!"

주유는 주먹을 움켜쥐며 부르르 떨었어. 죽 쒀서 개 준 꼴이니 화가 머리끝까지 치솟았지.

그 순간, 주유의 입에서 왈칵 피가 쏟아져 나왔어. 독화살을 맞은 주유는 절대 화를 내서는 안 되었는데, 분을 참지 못했던 거야.

"하늘도 무심하시지. 이미 나를 세상에 보내셨으면서 어찌 또 제갈량을 보내셨단 말인가?"

주유는 하늘을 우러러 탄식하고는 그만 숨을 거두고 말았어.

손권은 이 소식을 듣고 땅을 치며 통곡했어.

"주유가 없으면 우리는 어찌한단 말이냐?"

그 모습을 본 노숙은 고개를 숙이며 말했어.

"주군, 저는 주유를 대신할 인재도 못 되거니와 제갈량을 이길 능력도 안 됩니다. 그러니 제갈량과 겨룰 만한 인재를 등용하십시오."

"그런 인재가 있겠소?"

"있습니다. 제갈량과 지혜 싸움에서 겨룰 수 있는 사람! 그분을 군사로 임명하시기를 바랍니다."

"그가 누구요?"

"방통*이라 합니다."

손권은 당장 방통을 만나겠다고 했어.

노숙은 방통을 급히 찾아서 손권 앞으로 데려왔지. 하지만 방통을 맞이한 손권은 실망이 가득한 얼굴이었어.

"이자가 천하의 인재라고?"

손권이 실망한 건 방통의 겉모습 때문이었어. 방통은 얼굴에 우묵우묵한 마맛자국이 있는 곰보인 데다, 납작코에 짧은 수염을 하고 있었어. 생

★ 수경 선생은 유비에게 천하를 통일하고 싶다면 복룡이나 봉추 같은 인물을 얻어야 할 것이라고 조언했다. 복룡은 지금은 깊은 연못에 숨어 살지만 언젠가 하늘 높이 오를 용이고, 봉추는 봉황이 될 어린 새라는 뜻이다. 따라서 복룡과 봉추는 지금은 이름이 없는 인물이지만, 언젠가 이름을 떨칠 위대한 인물이다. 복룡은 제갈량, 봉추는 방통이다.

긴 것도 초라하고 말투 또한 어딘가 어눌해 보였지.

손권은 속으로 방통을 비웃었어.

'흥, 저런 자가 제갈량을 이길 수 있겠어?'

손권은 방통을 다시 부르겠다고 말하고는 돌아섰어. 하지만 그 후 손권은 방통을 찾지 않았어. 방통을 어렵게 데려온 노숙은 당황스러웠지.

"미안합니다."

"이게 어찌 노 대인의 잘못이겠습니까? 다 때를 만나지 못한 제 탓이지요."

방통은 씁쓸히 웃을 뿐이었어.

제29장

방통의 지혜

한편, 적벽대전이 끝나고 1년도 되지 않아 형주 태수 유기(유표의 큰아들)가 그만 병이 들어 죽고 말았어. 유비는 성대한 장례를 치러 주었지. 유기는 죽기 전에 형주 땅을 유비에게 맡아 다스려 달라고 했어. 유비는 제갈량과 장비, 조운 등과 함께 형주성으로 들어갔어. 돌고 돌아 정식으로 형주의 태수가 된 거야.

유비는 자신이 앉을 자리를 바라보며 유표를 떠올렸어. 맨 가운데 놓인 의자는 형주 태수였던 유표가 쓰던 것이었기 때문이지. 죽기 전에 유표가 간곡히 형주를 부탁했던 말도 떠올랐어.

"형님, 어서 의자에 앉으십시오! 수년을 떠돌아다니면서 허구한 날 남에 밑에만 있었는데, 이제 우리가 드디어 제자리를 찾았습니다!"

장비가 들뜬 표정으로 말했어. 하지만 유비의 표정은 그 어느 때보다 차분하고 결의에 넘쳤어. 태수로서 막중한 책임을 가져야 한다는 것을 알았기 때문이지.

얼마 뒤, 강동의 주유가 숨을 거두었다는 소식이 들렸어. 유비는 그늘진 표정으로 제갈량을 불렀지.

"제갈 군사, 우리가 형주 땅을 차지하긴 했지만, 나는 어쩐지 마음이 편치는 않습니다."

"어째서입니까?"

"우리 대신 조조와 싸우느라 강동은 병력이 반 토막 나고, 주유는 중상을 입고 세상을 떴습니다. 그런데 우리가 그들의 공은 챙겨 주지 않고 형주를 차지했으니 두고두고 뒷말이 나올 것 같습니다."

"흠, 그렇다면 주군의 근심을 덜어 드릴 방법이 하나 있습니다."

제갈량의 말에 유비가 고개를 갸웃했어.

"그것이 무엇이오?"

"주군께서 저를 강동에 넘기십시오. 그러면 손권이 더 이상 형주 땅을 내놓으라고 주장하지 않을 것입니다."

"그, 그게 무슨 소리요? 차라리 형주 땅을 포기할망정, 제갈 군사를 잃을 수는 없소."

유비의 말에 제갈량은 빙그레 미소를 지으며 말했어.

"더 이상 근심하지 마십시오. 주군께서는 형주를 잃을 일도, 저를 잃을 일도 없으실 겁니다. 앞으로 2년 안에는 그 누구도 형주를 넘보지 못합니다. 또 2년 후에는 우리의 군사가 더욱 강해지고 세력도 커질 것이니,

그때는 넘보고 싶어도 넘보지 못할 겁니다."

"하지만 강동에서 언제 군사를 일으켜 이 땅을 차지하려 할지 모를 일 아닙니까?"

"그럴 순 없을 겁니다."

"어째서요?"

"조조가 비록 적벽에서 패했지만, 그 세력이 모두 꺾인 것은 아닙니다. 아직도 조조는 북방의 네 개 주를 다스리고 있으며 엄청난 군사력을 지니고 있습니다. 그러니 손권은 조조가 두려워서라도 우리를 공격하지 못할 것입니다."

"맞는 말입니다. 손권과 조조의 마음을 이토록 훤히 꿰뚫고 있다니 놀랍습니다. 우리가 이렇게까지 자리를 잡을 수 있게 된 것은 모두 제갈 군사의 덕분입니다."

유비는 이렇게 말하면서 제갈량에게 두 손을 모아 큰절을 올렸어.

"주, 주군!"

느닷없는 유비의 절을 받게 된 제갈량이 당황해 두 손을 맞잡았지. 유비는 제갈량을 바라보며 눈물을 글썽였어.

"제갈 군사, 부족한 나를 믿고 따라 주어 고맙습니다."

"주군, 저는 끝까지 주군을 위해 최선을 다할 것입니다."

손권이 방통을 한 번 만나고 다시 부르지 않았다는 소식은 제갈량의 귀에도 들어갔어. 그 누구보다 방통의 재주를 잘 알고 있었던 제갈량은 강동으로 주유의 문상을 간 길에 방통을 비밀리에 찾아갔어.

"방통, 나와 함께 유 황숙에게 가세나. 그분은 인물을 알아보는 어른이네. 가서 나와 함께 큰일을 하세."

제갈량은 추천서까지 써 주며 유비를 찾아가야 한다고 말했어. 하지만 방통은 빙그레 미소를 머금을 뿐이었지.

"지금은 때가 아닌 것 같네."

"무슨 생각을 하는 건가?"

"우리는 조만간 볼 날이 있을 터이니 그때 다시 보세."

방통은 이렇게 말하고 어디론가 떠나 버렸어.

이후 방통은 아무도 모르게 형주로 숨어들었어. 하루는 방통이 저잣거리를 걷고 있는데, 사람들이 모여 수군거리는 것이 보였어. 가까이 가 보니 벽에 커다란 벽보 한 장이 붙어 있었지.

"저것이 무슨 벽보요?"

방통은 글을 모르는 사람인 척하며 물었어.

"유 황숙께서 새로운 인재를 찾고 있다는 글이오. 유 황숙께서는 시험을 통해 새로운 인재를 뽑을 것이며 신분 상관없이 시혜가 뛰어난 사람이라면 누구든 시험을 칠 수 있도록 해 주겠다 하오."

"허허, 그렇군."

방통은 그길로 시험장에 갔어. 그리고 가짜 이름을 만들어서 시험을

쳤지. 방통이 쓴 답안지는 가장 높은 점수를 받았어. 유비는 방통의 답안지를 살펴보며 크게 기뻐했지.

"이런 답을 쓴 그대는 누구인가?"

"저는 용광이라 하옵니다."

방통은 유비에게 가짜 이름을 댔어.

"용광! 그대는 큰일을 할 사람이니 부디 이 형주를 위해 일해 주시오."

유비는 용광에게 큰 벼슬을 내리라고 했어. 하지만 유비의 장수들은 용광, 아니, 방통이 미덥지 않았어. 그래서 장비를 찾아가 말했지.

"장군, 용광이란 자가 재능은 훌륭할지 모르겠으나 용모가 너무 추하지 않습니까? 저런 사람에게 큰 벼슬을 주면 우리의 체면이 떨어질 것입니다."

"하지만 유비 형님께서 큰 벼슬을 내리라고 하셨잖소."

장비가 머뭇거리자, 장수들이 소곤소곤 말했어.

"그렇다면 그에게 작은 고을 현령을 맡기십시오."

"맞습니다. 현령 일을 잘 해낸다면 그때 더 높은 벼슬을 주어도 늦지 않을 것입니다."

"그래? 그렇다면 뇌양현 현령 자리를 맡겨 보아야겠군."

장비는 방통을 형주에서 100리쯤 떨어진 뇌양현 현령으로 임명했어.

뇌양현 현령이 된 방통은 고을 일을 돌볼 생각은 하지 않고 날마다 술만 마셨어. 그 소식은 곧 장비의 귀에도 들어갔지. 장비는 얼굴을 붉히며

뇌양현으로 달려갔어.

"이놈, 백성을 돌보아야 할 관리가 날마다 술만 마시고 있다니!"

장비가 방통을 향해 우렁찬 목소리로 고함을 쳤어. 하지만 술에 취해 잠든 방통은 꼼짝도 하지 않았지. 화가 난 장비는 현청 앞에 걸려 있는 북을 꺼내 왔어.

두둥두둥!

장비는 방통의 귀에다 대고 북을 두들겨 댔어. 그러자 술에 취해 잠이 들었던 방통이 부스스 눈을 떴지.

"무슨 일입니까?"

"내 이름은 장비다, 이놈!"

"아, 그 장판교에서 홀로 조조의 50만 대군을 벌벌 떨게 했다던 그 장수 말이오?"

"오호라, 나에 대해 알고 있구나. 그렇다면 내가 오늘 무엇 때문에 온 것인지도 알렷다!"

"글쎄요?"

"이놈, 우리 주군께서 뇌양현을 잘 다스리라고 너에게 벼슬을 맡겼는데 어찌서 술만 먹고 일은 하지 않는 것이냐?"

장비의 호통에 방통이 머리를 긁적이며 대꾸했어.

"이 작은 고을에서 할 일이 얼마나 되겠소? 지금이라도 당장 해 드리리다."

"뭐?"

"밀린 일을 모두 가져오너라."

방통은 그동안 밀려 있던 공문을 살펴보더니 눈 깜짝할 사이에 치리했어. 다음으로 할 일은 세금을 징수하는 일이었지. 그 일은 제아무리 뛰어난 관리라 하더라도 며칠을 매달려야 하는 어려운 일이었어. 하지만 방통은 장부를 보자마자 척척 써 내려갔어. 보통은 산판(셈을 하는 기구)을 이용해 계산하고 또 해야 답을 낼 수 있는 일이었지.

그걸 본 장비는 다른 관리에게 산판을 이용해 답을 제대로 대조해 보라고 했어. 관리들이 몇 시간 동안 끙끙거리며 계산하더니 대답했어.

"계산이 모두 맞습니다."

"이, 이럴 수가!"

장비의 눈이 휘둥그레졌어.

방통은 불과 반나절 만에 밀린 공문을 처리하고 수백 건의 세금을 계산해 냈던 거야.

"허 참!"

장비가 어이없는 표정으로 방통을 바라봤어.

방통이 미소를 지으며 말했지.

"이 정도 일은 식은 죽 먹기나 다름없소. 조조나 손권 같은 인물들도 내게는 적수가 되지 않을 것이오. 그런데 이렇게 작은 고을의 일을 처리하는 일쯤이야 식은 죽 먹기가 아니고 무엇이겠소?"

그 말을 들은 장비는 얼른 무릎을 꿇었어.

"미안하오. 내가 큰 실수를 저질렀소."

그러자 방통은 제갈량이 써 준 소개장을 내밀었어. 그걸 본 장비의 눈은 또 한 번 튀어나올 것처럼 휘둥그레졌지.

"아니, 제갈 군사의 소개장까지 있는 분이 어째서 시험을 치신 것이오? 그냥 유비 형님을 찾아왔다면 큰 벼슬을 얻었을 텐데!"

"일부러 그랬소."

"어, 어째서요?"

"사람들은 나의 외모만 보고 능력을 판단하오. 유 황숙도 그런 사람인지 알고 싶었소."

장비는 그길로 유비에게 방통을 데려갔어.

방통이 온다는 소식을 들은 유비는 맨발로 달려 나와 그를 맞이했어.

"오오, 일찍이 수경 선생께서 복룡과 봉추를 얻으면 천하를 얻을 것이라 하셨는데, 내게 이런 인재가 찾아오다니!"

유비는 방통의 손을 맞잡으며 고마워했어. 그리고 사람의 얼굴만 보고 능력을 판단하려 한 장비를 크게 꾸짖었지.

유비는 방통에게 부군사 중랑장이라는 벼슬을 주었어. 제갈량과 함께 군사를 다스리고 훈련을 시키는 일이었지. 방통은 제갈량과 힘을 합쳐 군사들을 훈련하기 시작했어.

이 소식을 들은 조조는 매우 놀랐지.

"유비가 봉추까지 얻었다고?"

"예, 유비의 곁에는 이제 제갈량과 방통, 거기다 관우와 장비, 조운이라는 든든한 장수가 버티고 있습니다. 이 일을 어찌하면 좋습니까?"

"아직 크게 걱정할 건 아니다. 유비가 형주를 물려받았다는 이야기는 익히 들어 알고 있다. 유표의 큰아들 유기가 병으로 죽으면서 형주를 부탁했다지? 하지만 유비의 힘은 아직 약해."

조조의 말대로 유비의 힘은 아직 턱없이 부족했어.

북쪽 땅은 조조가, 남쪽 땅은 손권이 모두 차지하고 있어서 유비가 뻗어 갈 수 있는 땅은 서쪽뿐이었거든.

"하지만……."

조조는 불안한 표정으로 말끝을 흐렸어.

"왜 그러십니까, 승상?"

"장강 서쪽 끝에 자리 잡은 촉 땅은 누구도 차지하지 못한 곳이다. 그 땅은 비옥하고 기름져서 농사가 아주 잘되는 곳이라지. 거기다가 물자도 풍부하고 적을 방어하는 데 알맞은 지형을 갖추고 있다 들었다."

조조는 촉 땅의 중심인 익주가 유비에게 넘어가는 것은 아닐까 걱정됐던 거야.

"맞습니다. 유비가 마음만 먹는다면 익주의 유장을 몰아내고 그 땅을 차지할 수 있을 것입니다. 하지만 유비의 됨됨이를 떠올려 보면 그 땅을 억지로 차지하지는 않을 것입니다."

"그래야 할 텐데!"

그러나 조조는 유비를 돕는 제갈량과 방통이 있다는 생각에 몹시 불안해졌어.

한편, 유비는 익주의 유장에게 초대를 받았어. 유장은 조조나 손권이 언제 공격해 올지 몰라 두려웠지. 그래서 일부러 유비와 친하게 지내고 싶다는 뜻을 밝혔던 거야.

"주군, 이것은 하늘이 주신 기회입니다. 형주는 더 이상 뻗어 갈 곳이 없는 답답한 땅입니다. 하지만 익주는 다릅니다. 그곳은 인구도 많은 데다 땅이 넓고 재물이 풍부해서 나라의 기초를 세우기에 참으로 좋을 것입니다."

"옳은 말입니다. 유장은 익주를 제대로 지키지 못해 백성들의 원망이 높다고 합니다. 주군, 결심하십시오. 나라를 다스릴 만한 자격이 없는 사람은 절대로 주인이 될 수 없습니다."

제갈량도 방통의 뜻과 같았어. 하지만 유비는 망설였지. 익주를 차지하기 위해 자신에게 도움을 청한 유장을 몰아내는 일이 탐탁지 않았던 거야. 한참 고민하던 유비가 어렵사리 입을 열었어.

"내가 적으로 생각하는 사람은 조조입니다. 조조는 난폭하지만 나는 인자하며, 조조는 교활하지만 나는 충성스럽다는 것을 백성들에게 보여 주고 싶습니다. 익주가 탐난다는 이유만으로 내가 그들을 공격한다면 조조와 다를 것이 무엇이겠습니까?"

그 말을 들은 부하 장수들은 난감했어. 제갈량과 방통도 더 이상 아무런 말을 할 수 없었지.

"세상에, 주군이 굴러들어 온 복을 스스로 차는구나!"

장수들은 이렇게 수군거리기까지 했어. 답답한 건 관우와 장비도 마찬가지였지.

"아니, 형님은 언제까지 저러실 건가? 굴러온 땅을 마다하시다니."

장비가 투덜거리자, 관우도 맞장구를 쳤어.

"처음에 제갈 군사가 말한 대로 형주 땅을 차지했더라면 우리가 수많은 군사를 잃고 떠도는 일도 없었을 텐데, 또 저런 결정을 하시다니!"

그러자 장비는 차라리 장수들끼리 힘을 모아 익주를 치자고 했어.

"형님과 나, 그리고 조운이 힘을 합치면 무슨 일이든 못 하겠소?"

그때 방통이 나타났어.

"주군께선 익주를 누구보다 갖고 싶어 하십니다."

"엉? 그게 무슨 말이오? 그 말은 지금 우리 형님이 겉과 속이 다른 사람이다, 뭐 그런 뜻이오?"

성격이 급한 장비가 방통에게 따지듯 물었어.

"그럴 리가요. 주군께선 큰 뜻을 품고 한나라를 다시 일으키려 하는 분입니다. 그런 분께서 어찌 형주보다 비옥하고 넓은 땅을 욕심내지 않겠습니까?"

"그렇지? 그렇다면 나랑 관우 형님이랑 조운이 가서 익주를 쓸어버리면 되는 거지?"

장비의 말에 방통이 고개를 가로저었어.

"두 분은 절대 익주로 가면 안 됩니다."

"아니, 왜 그렇소?"

이번엔 입이 무거운 관우가 궁금증을 못 이기고 물었어.

"형주에는 강한 장수가 남아 있어야 합니다. 두 분과 조운 장군이 이곳에 남아 있어야 손권이 함부로 공격하지 않을 것입니다. 만약 두 분이 주군과 함께 익주로 간다면 유장은 겁을 먹고 조조에게 도움을 청할지도 모릅니다."

"그렇다면 우리가 어찌 익주를 차지한단 말이오?"

관우의 물음에 방통은 천천히 대답했어.

"듣자 하니 유장은 매우 나약한 사람이라더군요. 게다가 수하에 있는 장군 중에 능력이 뛰어난 사람도 없답니다. 그러니 이번엔 황충과 위연 장군을 보내십시오."

황충은 나이가 많고, 위연은 성품이 거만해서 다툼이 잦았어.

"에이, 황충이랑 위연이 잘 싸우긴 하지만 그들의 힘만으로는 익주를 공격하기 어려울 것이오."

장비가 손을 절레절레 흔들었어.

그러자 방통은 다시 한번 황충과 위연의 이름을 힘주어 말했어.

"반드시 두 장군이 가야 합니다."

"그, 그렇다면 그렇게 해야지. 방통 선생의 말대로 하리다."

방통의 뛰어난 능력을 누구보다 잘 알고 있던 장비는 꼬리를 내린 강아지처럼 슬그머니 목소리를 낮추었어.

이렇게 해서 유비는 형주를 장비과 관우, 조운 그리고 제갈량에게 맡겨 철통같이 지키게 한 뒤, 방통과 함께 정예 군사 5만 명을 이끌고 익주로 향했지.

이때가 서기 211년, 몹시 추운 겨울이었어.

"유비가 군사를 끌고 온다고?"

유장은 유비가 조조로부터 익주를 지켜 줄 것인지 아니면 뺏으려고 오는 것인지 확신을 갖지 못했어. 신하들이 유비를 부르면 안 된다고 결사반대했거든.

"예. 그런데 공격하려고 오는 군사들이 아닌 건 틀림없습니다."

유장은 두 눈이 휘둥그레졌어.

"그걸 어찌 아느냐?"

"유비의 가장 뛰어난 장수인 관우, 장비, 조운은 형주성에 그대로 있다고 합니다. 별로 능력이 뛰어나지 않은 장수들이 오는 걸로 봐선 유비를 호위하는 군사들인 것 같습니다. 군사의 수도 겨우 5만 명밖에 되지 않는다고 합니다."

"그래, 유비는 나와 같은 황족이니, 나를 공격하지는 않을 거야."

유장은 조금 안심했어.

방통은 황충을 앞에 세우고 뒤에 위연, 유봉과 관평을 세웠어. 그리고 유비를 가운데 서게 한 다음에 익주를 향해 갔지.

유비가 도착한다는 소식을 들은 백성들은 길목마다 몰려나와 반겼어.

'흐음, 주군께선 절대 익주를 공격하려 하지 않으실 것이다. 어찌해야 좋을까……'

방통은 골똘히 생각에 잠겼어.

한편, 조조는 적벽대전에서 대패한 것을 설욕하기 위해 대군을 일으킬 준비를 하고 있었어.

"망할! 하필이면 이럴 때 조조 놈이 다시 나를 괴롭힐 게 뭐람!"

그 소식을 들은 손권은 쓴 입맛을 다셨지. 내심 유비가 없는 틈을 타서 형주를 공격하려 했거든.

"주군, 지금은 형주를 포기할 수밖에 없습니다. 우리에게 더욱 시급한 일은 조조를 막는 것이니까요."

"그래, 백성들에게 성벽을 더 높이 쌓도록 하고 장수들에게 조조의 공격을 막을 준비를 철저히 하라고 이르라."

"예, 주군!"

얼마 뒤, 조조가 군사를 이끌고 강동으로 쳐들어왔어. 하지만 손권이 이미 준비를 철저히 한 덕분에 좀처럼 성을 함락할 수 없었어.

이 소식은 곧장 유비에게도 알려졌지. 유비는 당장 형주로 돌아가야 하는 게 아니냐며 초조해했어.

"조조와 손권, 두 사람 중 누가 이기든 다음 공격의 목표는 우리 형주가 될 것이 틀림없지 않은가?"

"형주에는 제갈 군사가 있으니 크게 염려하지 않아도 될 것입니다. 이번 기회에 유장의 속마음을 알아보는 게 어떻겠습니까? 손권을 도와야 하니 군사와 군량미를 빌려달라고 하는 것입니다."

"군사를 빌리자고?"

"예. 군사 3만 명과 군량미 10만 석을 빌려달라고 하십시오."

방통의 말에 유비는 곧장 유장에게 편지로 지원을 요청했어.

유장은 유비가 익주를 공격할 뜻이 없는 듯하니 부탁을 들어주는 것이 좋겠다고 결정했지. 그런데 유장의 신하들이 모두 반대했어.

"유비는 속이 시커먼 사람입니다. 백성들의 눈이 두려워 우리를 공격하지 못하는 것일 뿐입니다. 우리 익주가 있는 넓은 촉 땅을 누구보다 탐내고 있을 유비에게 군사를 빌려주다니 말도 안 됩니다!"

"맞습니다. 절대로 그의 요구를 들어주셔서는 안 됩니다."

신하들은 유비에게 군사와 군량미를 빌려주는 것은 호랑이에게 먹이를 주는 것도 모자라 날개까지 달아 주는 것이라며 반대했어.

유장은 난처했어. 신하들의 말대로 유비를 공격하자니 힘이 부족하고, 그렇다고 유비의 청을 모두 들어주자니 유비의 힘만 키우게 될까 걱정이었지.

"흐음, 그렇다면 이렇게 합시다. 전쟁에서 싸울 힘도 없는 늙은 병사 4천 명과 군량미 1만 석을 유비에게 보냅시다. 그러면 돌아가겠지."

"좋은 생각입니다!"

"쌀도 껍데기를 섞어 줍시다. 겉으로 보기엔 넉넉해 보여도 사실은 먹을 것이 없는 쌀을 주는 것입니다!"

"그거 좋소!"

모든 일이 잘 해결된 듯하여 유장과 신하들은 큰 소리로 웃음을 터트렸어. 하지만 그 일은 예상치 못한 결과를 만들었지.

"유장, 이런 고약한 사람 같으니! 나를 놀리는 것도 아니고 이런 식으로 부탁을 거절하다니!"

유비는 유장이 보낸 군사와 군량미를 보고 크게 화를 냈어.

"이런 자라면 익주를 다스릴 자격이 없지 않은가!"

방통은 미소를 지었어. 자신이 계획한 대로 되었기 때문이지.

방통은 자신의 계획을 더 밀어붙였어. 우선 유비에게 서둘러 형주로 돌아가자고 말했지. 이 소식은 유장에게도 곧장 전해졌어.

"유비가 돌아간다고? 우리가 늙은 군사들과 먹지도 못할 쌀을 주었는데 아무런 화도 내지 않고 그냥 돌아간다고?"

"그러게요. 과연 그 말이 사실일까요?"

이때 익주에서 예상하지 못한 일이 일어났어. 유장의 신하 중에 장송이라는 인물이 있었는데, 유비와 몰래 주고받던 편지가 발각된 거야. 장송은 유비가 익주를 다스렸으면 좋겠다고 생각해서 유비 편으로 돌아선 사람이었어.

편지를 본 유장은 길길이 날뛰면서 장송을 죽이고, 유비마저 죽여야겠다고 마음먹었어.

"유비는 익주를 공격하려던 못된 놈이다! 당장 잡아 죽여라!"

유장은 장수들을 급히 부수관으로 보냈어. 부수관은 유비가 형주로 다시 돌아가려면 반드시 지나야만 하는 곳이었어. 부수관에서는 유장의 부하 장수인 양회와 고패가 유비를 기다리고 있었지.

제30장

천하삼분지계

유장은 유비를 없애기로 결심하고 계략을 세웠어. 양회와 고패더러 유비가 돌아가는 길에 부수관에 들르면 맞이하는 척하면서 죽이라고 명령했지. 만약 유비가 이대로 돌아가면 관우, 장비, 조운을 이끌고 돌아와 익주를 공격할 거라 생각했던 거야.

"부수관까지 온 것을 환영합니다!"

양회와 고패는 유비를 반갑게 맞이했어. 두 장수는 엄청난 양의 술과 음식을 장만해 유비를 초대했지.

"이처럼 큰 잔치를 열어 주다니 고맙소."

유비가 양회와 고패에게 인사했어. 두 장수는 일부러 흥을 돋우며 유비에게 계속 술을 권했지.

"먼 길을 가실 터인데 오늘은 술을 마시고 푹 쉬도록 하십시오."

"고맙소."

유비가 술잔을 받아 들자 두 장수가 서로 눈짓을 교환했어. 둘은 단검을 숨기고 있다가, 유비가 술에 취하면 칼을 빼 들어 공격할 참이었던 거야. 하지만 방통은 이미 그들이 무서운 음모를 꾸미고 있음을 눈치채고 있었지.

잔치가 무르익을 무렵, 방통은 황충, 위연 두 장수에게 슬쩍 눈짓했어. 그러자 두 사람이 양회와 고패를 재빨리 제압했어.

"지금이다!"

방통이 신호를 보내자 유봉, 관평이 부수관의 군사들을 모조리 베어 버렸어. 유비는 놀라서 두 눈을 휘둥그레 떴지.

"방통, 이게 무슨 일이오?"

"저들이 주군을 죽이려 했습니다. 이대로 두 손을 놓고 있었다면 우리가 먼저 저들 손에 죽임을 당했을 것입니다."

"그, 그럴 수가!"

계획이 실패했다는 사실을 알게 된 유장은 부하 장수들에게 유비를 추격하라고 명령했어.

"당장 군사 5만 명을 이끌고 가서 유비 군을 공격해라!"

그러나 유장이 공격해 올 것을 미리 안 방통이 군사들을 준비시켜서 유장의 군사들은 번번이 패배해 뿔뿔이 도망쳤지.

방통은 낙성을 공격하기로 했어. 낙성은 익주로 가려면 꼭 얻어야 하는 요충지였어. 유장의 신하였던 장송이 죽기 전에 보내온 촉 땅의 지도를 보며 방통과 유비는 작전을 짰어.

"여기서 왼쪽으로 난 큰길은 낙성 동문으로 통하고, 오른쪽 작은 길은 서문으로 통하는 길이오. 어느 길로 가는 것이 좋겠소?"

유비가 묻자, 방통은 자신이 작은 길로 갈 테니 유비더러 황충을 데리고 동문으로 향하라고 했어. 그 말을 들은 유비는 잠시 망설이다 말했지.

"저들은 분명 작은 길을 먼저 공격할 것이오. 큰길보다는 작은 길이 더 공격하기 쉬울 테니까."

"큰길에도 공격이 있을 수 있습니다."

"허나!"

유비는 방통이 다칠까 봐 불안했어.

"차라리 우리 다 함께 길 하나를 정해 가는 건 어떻소?"

"안 됩니다. 그러면 낙성을 공격하기 힘들어집니다."

"하지만 전쟁터에서 싸워 본 적 없는 그대를 다른 길로 보낸다는 건 위험한 일이오. 게다가 작은 길이 유난히 조용하다는 걸 보면 적이 숨어 있을 가능성이 있을 것 같소."

"주군, 걱정 마십시오. 조심하겠습니다. 그럼 낙성에서 뵙겠습니다."

방통의 말에 유비는 고개를 끄덕였어.

"알았소. 그대의 말대로 합시다."

다음 날, 유비와 방통이 군사를 이끌고 낙성으로 향하려 할 때였어.

이히히히힝!

방통이 탄 말이 소리를 내며 날뛰었어. 그 바람에 방통이 말에서 떨어졌지. 그걸 본 유비는 걱정이 더 커졌어.

"허허, 전투에 나가는 길인데 불길하네. 말도 우리를 도와주지 않으려는 듯하오."

"주군, 부탁드릴 것이 있습니다."

"그대의 부탁이라면 뭐든 들어줄 수 있소. 무엇이오?"

"주군이 타고 있는 그 백마를 빌려주십시오."

"좋소. 그 말은 너무 사납고, 내 말은 길이 잘 들었으니 이 말을 타시오."

유비는 당장 자기 말을 방통에게 내주었어. 방통은 감동하며 허리를 깊이 숙여 인사했지.

"아니, 무슨 인사를 그리 깍듯하게 하시오?"

유비의 말에 방통은 말없이 미소만 지을 뿐이었어.

그사이, 유장의 군사들은 낙성에서 유비가 어느 쪽으로 공격해 오는지 알아내기 위해 염탐하고 있었지. 그 덕분에 유비가 백마를 타고 온다는 사실을 알아냈어.

"백마를 탄 자가 유비입니다."

유장의 장수 황권이 군사들에게 말했어.

"백마? 모두 잘 들었겠지? 백마를 타고 있는 자를 발견하면 즉시 죽여야 한다. 모두 백마를 탄 자에게 화살을 쏘아라!"

이 사실을 까맣게 모르는 유비는 방통과 말을 바꿔 타고 큰길을 향했어. 방통은 몹시 좁고 험한 작은 길로 말을 몰았지.

"길이 정말 험하군."

"이곳 사람들도 떨어질 낙, 봉우리 봉을 써서 '낙봉파'라 부른다고 하더군요."

그 말에 방통의 표정이 어두워졌어.

"어찌 그러십니까?"

"내 호가 봉추라네. 그런데 낙봉이라니, 봉추가 떨어진다는 뜻이 아니겠나? 아무래도 내가 이곳에서 큰일을 당할 듯하군."

방통은 부하들에게 소리쳤어.

"돌아가자!"

그 순간, 바위 계곡 위에서 우레와 같은 함성이 일어나며 사방팔방에서 화살이 빗발치듯 날아왔어.

쉭쉭쉭! 쉭쉭쉭쉭!

높은 지대에 유장의 군사들이 몰래 숨어 있었던 거야.

"백마를 탄 자가 유비다!"

"유비를 죽여라!"

황권이 명령했어. 수백 발의 화살이 일제히 방통에게 쏟아졌어. 화살

에 맞은 방통은 붉은 피를 흘리며 그 자리에 고꾸라지고 말았지.

"와, 우리가 유비를 죽였다!"

방통의 나이 서른여섯 살이었어. 아직 자신의 재능을 펼쳐 보지도 못한 채 세상을 떠났지.

다른 길을 가던 유비는 방통이 활에 맞아 죽었다는 소식을 듣게 되었어.

"지, 지금 뭐라고 했나?"

"백마를 탄 사람을 주군이라 생각한 유장의 군사들이 방통 군사를 집중적으로 공격한 것입니다."

"이런!"

유비가 파들파들 떨고 있을 때, 군사 하나가 유비에게 방통의 편지를 전해 주었어.

> 주군, 만약 이 편지를 받아 보신다면
> 저는 이미 이 세상에 없을 것입니다.
> 하지만 슬퍼하지 마십시오. 제가 죽었으니,
> 주군께서는 익주를 차지할 명분이 생겼습니다.
> – 방통

편지를 읽은 유비는 대성통곡을 하며 슬퍼했어.

"유장이 방통을 죽였다. 익주를 쳐 방통의 복수를 하리라!"

유비는 형주로 관평을 보내 제갈량을 불러오라 했어.

며칠 후, 유비의 명령을 받은 관평이 형주에 도착했어.

"방통 군사께서 익주에서 전사하셨습니다. 주군께서 제갈 군사를 모셔 오라고 하셨습니다."

관평의 말을 들은 제갈량은 탄식했어.

"허허, 며칠 전 봉추의 별이 서쪽으로 떨어지기에 불안한 마음이 들더니만……."

제갈량은 형주성을 관우에게 맡기고, 조운, 장비와 함께 1만 5천 명이 넘는 군사를 이끌고 유비가 있는 곳으로 향했어. 유비 군이 대대적으로 쳐들어온다는 소식을 들은 유장은 장수들에게 명령했어.

"겁먹지 마라! 결사 항전하면 이길 수 있다!"

유장의 부하 장수들은 유비 군을 막겠다고 하나로 뭉쳤어. 제갈량이 도착하기 전에 유비를 치면 승산이 있겠다 싶었지.

유비는 검을 높이 빼어 들고 군사들을 향해 소리쳤어.

"방통 군사의 원수를 갚을 때가 왔다! 총공격이다!"

유비는 낙성을 공격했어. 처음에는 이기는 듯싶었지만, 반격당해 패하고 퇴각해야 했어.

유비는 혼자 말을 타고 도망치기 시작했어. 뒤에서 유장의 군사들이 맹추격을 해 왔지. 그런데 앞쪽에서도 군사들이 달려오는 게 아니겠어?

"아, 여기가 내 운명의 끝인가? 하늘이 나를 버렸는가?"

그런데 알고 보니 앞쪽은 장비가 이끌고 온 군사들이었어. 제갈량이 유비를 걱정해 먼저 지원군을 보낸 거였지.

장비가 적장을 향해 창을 날리자 적장은 겁을 먹고 낙성으로 부랴부랴 도망쳤어. 하지만 유비 군이 성을 포위하자 얼마 버티지 못하고 성문을 열고 말았어.

"뭐라고? 낙성이 유비에게 함락당했다고? 익주성 코앞까지 유비 군이 쳐들어왔구나!"

당황한 유장은 식은땀을 흘렸어. 고민 끝에 이번에는 한중을 다스리는 장로에게 도움을 청하기로 했어. 한중은 익주 바로 옆에 있는 곳이야. 장로 가문은 원래 유장의 가문과 대대로 원수지간이었어. 호시탐탐 서로의 땅을 공격하려고 노리고 있었지.

하지만 유장은 유비에게 항복하느니, 장로에게 힘을 빌리기로 했어. 유장은 장로에게 유비를 물리쳐 주면 익주의 땅 절반을 주겠다는 편지를 보냈지.

마침 장로에게는 마초*라는 용감무쌍한 장수가 있었어. 조조도 함부로 공격하지 못할 정도의 실력을 가진 인물이었지.

★ 서량 태수 마등의 아들. 마등은 유비와 함께 역적 조조를 죽이겠다는 맹세를 했지만, 조조의 계략에 빠져 오히려 목숨을 잃고, 마씨 일족은 대부분 조조에게 죽임을 당했다. 마초는 남쪽으로 도망쳐서 간신히 살아남았다. 무예가 대단히 출중했다.

장로는 마초에게 군사 2만 명을 주며 유비를 공격하라고 명령했어.

"마초, 이제야 그대가 나에게 공을 세울 수 있겠군."

"예, 생명을 구해 주신 은혜를 갚겠습니다."

장로의 부탁을 받은 마초는 군사를 휘몰아 익주로 달려갔어. 그 소식을 들은 유비는 깜짝 놀랐어. 마초라면 관우나 장비와 맞먹을 정도로 뛰어난 장수였기 때문이지.

드디어 마초가 사자 투구를 쓰고 성 앞에 나타나 싸움을 걸어왔어.

"장비, 나와라! 일대일로 싸워 보자!"

마초를 보자마자 장비는 즉각 장팔사모를 들고 성 밖으로 뛰쳐나갔어.

"좋다! 덤벼라, 마초! 내가 바로 장비다!"

장비는 장팔사모를 휘두르며 마초에게 덤벼들었어. 장비의 장팔사모와 마초의 장창이 쇳소리를 내며 부딪쳤어.

1합, 2합, 3합, 4합…….

군사들은 두 장수의 싸움을 지켜봤어. 그것은 흡사 사자와 호랑이의 싸움 같았어. 두 장수는 무려 100합을 겨루었지만, 좀처럼 승부를 낼 수 없었어. 말이 지쳐서 쓰러지자 두 장수는 새 말로 갈아타고 다시 싸웠어. 둘은 다시 50여 합을 겨루었지. 하지만 이번에도 서로 팽팽하게 맞설 뿐 승부가 나지 않았어.

해가 떨어지고, 어느새 밤이 되었어. 그래도 두 장수는 횃불을 켜 놓고 계속 싸웠어. 그 모습을 본 유비가 걱정스러운 표정을 지었어.

"장비가 질 것 같아 불안하십니까?"

제갈량이 유비에게 물었어.

"장비도 걱정이지만 마초도 걱정입니다. 저리 싸우다간 둘 중에 하나는 죽을 텐데……."

"주군, 마초를 살리고 싶으신 것입니까?"

"마초는 비록 적이긴 하나 천하의 명장입니다. 그런 자를 잃는다면 누구든 슬퍼할 것입니다."

"그렇다면 제가 마초를 주군의 편으로 만들어 드리겠습니다."

"어떻게요?"

제갈량은 알 듯 모를 듯한 미소를 짓더니 무언가를 유비에게 소곤소곤 말했어. 그 말을 들은 유비는 그길로 두 사람이 싸우고 있는 현장으로 달려갔어.

"장비야, 당장 싸움을 멈춰라."

유비가 소리쳤지.

"형님!"

장비가 싸움을 멈추고 돌아보자, 유비가 마초에게 말했어.

"오늘은 밤도 깊었고 두 사람도 싸우느라고 지치고 때도 넘겼으니 시장할 것이오. 그러니 오늘은 여기까지만 싸우고 모두 군사를 돌립시다."

"흥, 누가 속을 줄 알고? 그러다 갑자기 우리를 공격하려는 거지?"

마초가 두 눈을 부릅뜨며 물었어.

"뭐, 감히 우리 형님을 그런 사람으로 모는 것이냐!"

장비가 버럭 소리를 내지르자, 유비가 당장 멈추라고 소리쳤어. 그러자 지칠 대로 지친 마초가 고개를 끄덕였지.

"좋소, 오늘 싸움은 여기까지 합시다."

마초는 일단 돌아가서 휴식을 취하고 다음 날 해가 뜨면 다시 장비와 싸울 작정으로 군사를 물렸어.

마초가 돌아갔다는 소식을 들은 장로는 이 일을 곧이곧대로 받아들이지 않았어.

"마초가 유비에게 넘어간 것이 틀림없다. 유비가 마초에게 싸움을 포기하면 한중을 주겠다고 약속한 것이겠지?"

"예, 그럴 것입니다!"

장로는 마초를 당장 복귀하게 하라고 소리쳤어. 마초가 돌아오면 큰 벌을 내릴 작정이었던 거야. 진영에서 쉬고 있던 마초는 한중으로 돌아오라는 명령을 받고 당황스러웠어.

"갑자기 돌아오라니, 왜?"

"조조가 기습 공격을 하고 있어 지원이 필요하다고 합니다."

"조조가?"

마초는 고개를 갸웃했어.

'조조는 지금 적벽에서 크게 진 복수를 하려고 손권과 싸우는 중이다. 그런데 어찌 한중까지 공격한다는 말인가?'

마초는 조조가 공격한다는 것은 거짓이고, 장로가 자기를 죽이려 한다는 걸 눈치챘어. 그래서 돌아갈 수 없다는 대답을 전했지. 그 말을 들은 장로는 마초가 유비의 편으로 돌아선 게 틀림없다고 확신했어.

"마초가 나를 배신한 것이 확실하구나!"

장로는 당장 마초의 군사들에게 줄 쌀과 무기를 끊어 버리라고 명령했어. 결국 마초의 군사들은 굶어 죽을 위기에 처하고 말았지.

이때 제갈량은 마초를 자기편으로 만들기 위해 사람을 보냈어.

"유 황숙이 죽으면 가장 좋아할 사람이 누구겠소? 조조가 아니오? 조조는 마 장군의 아버님을 죽인 원수인데, 왜 원수를 위해 싸우시오?"

그 말을 들은 마초는 큰 충격을 받았어. 자신이 누구 편에 있었는지를 그제야 깨달은 거지. 정신을 차린 마초는 유비를 찾아갔어.

"유 황숙, 저에게 기회를 주신다면 제가 가서 유장의 항복을 받아 오겠습니다."

"마 장군을 내 편으로 삼은 것만으로도 나는 든든하오."

유비는 마초를 귀한 손님으로 대접했어.

마초는 유비 군의 선봉에 서서 유장을 공격했어. 마초가 달려오는 것을 본 유장은 장로가 자신을 도우러 온 것으로 생각하고 허겁지겁 성문을 열어젖혔어.

"마초 장군, 어서 오시오!"

"유장은 들어라! 나는 이제 유 황숙의 사람이 되었다. 그러니 지금 당장 성을 버리고 항복하라. 시간을 끌면 당장 너뿐 아니라 성안의 모든 사람을 죽일 것이다."

마초의 협박에 유장은 새파랗게 질리더니 기절하고 말았어. 유장 역시 마초가 얼마나 뛰어난 장수인지 잘 알고 있었기 때문이지.

한참 뒤 정신을 차린 유장은 안절부절못하고 망설이다가 결국 항복을

하고 말았어.

유비는 제갈량과 장비, 황충, 조운, 위연, 유봉 등 여러 장수들을 거느리고 익주성으로 들어갔지. 유비는 유장의 신하와 장수들을 쫓아내지 않고 관직을 내리고 한 사람 한 사람 귀하게 대접했어. 또 익주성에 저장되어 있던 식량을 백성에게 나눠 주고, 강제로 빼앗았던 땅도 돌려주었지. 성안에 사는 백성들은 이제야 진짜 어진 지도자를 만났다며 기뻐했어.

이렇게 유비는 익주성을 차지하게 되었지.

익주의 장수들 대부분이 유비의 편이 되었지만 단 한 명, 황권만은 그러지 않았어. 황권은 유비를 향해 두 눈을 부릅뜨며 소리쳤어.

"백마에 타고 있던 자가 네가 아니라는 사실이 참으로 안타깝다! 그때 죽은 게 너였어야 했는데!"

그는 바로 백마를 탄 방통을 유비로 착각하고 화살을 쏘아 죽인 사람이었어. 황권은 허탈한 웃음을 지으며 당장 자기의 목을 베라고 소리쳤어. 하지만 유비는 아무 말도 하지 않았지.

"무엇 하느냐? 당장 내 목을 베어라!"

"황권, 당신이 익주 최고의 충신이라는 걸 잘 알고 있소."

"그것이 무슨 소용이더냐? 이제 내가 태어나 자란 익주 땅은 네놈의 차지가 되어 버렸는데."

유비는 그런 황권에게 천천히 다가가며 말했어.

"그대가 나의 군사이자 친구인 방통을 죽인 것은 참을 수 없을 정도로 슬픈 일이오. 하지만 방통이 평소 내게 입버릇처럼 말했소. 익주 땅에는 인재가 많다고. 특히 황권이라는 사람을 등용하라고 당부했지."

"뭐라?"

"내가 방통의 복수를 하고 싶은 마음은 굴뚝같지만, 그대와 같은 인재를 놓친다면 이 나라가 더 큰 슬픔에 빠질 것이오. 그러니……."

유비는 진심 어린 얼굴로 간곡히 부탁했어.

"그러니 나와 함께 백성을 위해 천하를 통일합시다."

이렇게 말하는 유비의 눈에서 뜨거운 눈물이 흘러내렸어. 그 모습을 본 황권은 유비야말로 백성을 위한 정치를 하는 사람이라는 걸 깨달았지. 황권은 그대로 엎드려 유비에게 충성을 맹세했어.

익주를 차지한 뒤, 유비는 방통의 제단을 만들어 제사를 지냈어.

"제갈 군사, 기억하십니까?"

유비가 물었어.

"무엇을 말입니까?"

"형주와 익주, 촉 땅을 차지하면 천하를 가질 수 있다고 했지요."

유비는 제갈량을 처음 만났을 때 들었던 천하삼분지계를 말했어. 천하의 영웅들이 모두 스러지고 이제 조조, 손권, 유비 셋만 남았어. 이렇게 천하를 셋이 나눠 갖는 세상이 된 거야.

"예, 맞습니다."

"이제 우리가 갈 길을 반쯤 온 것 같습니다. 이 모든 게 제갈 군사와 용맹하고 믿음직한 우리 장수들 덕분입니다."

"헌데 주군, 왜 이리 슬퍼하십니까?"

"방통과 죽은 군사들의 넋이 하늘에서 편안히 지낼지 걱정입니다. 내가 너무 큰 욕심을 내는 것은 아닌지, 대체 언제까지 이 많은 군사의 죽음을 보아야 하는지 두렵습니다."

"주군……."

제갈량은 유비야말로 진정 백성을 사랑하는 어진 군주가 될 것이라 생각했어.

과연 유비와 제갈량, 그리고 유비를 따르는 장수들은 오랜 바람대로 천하를 통일할 수 있을까?

> 문해력 쏙쏙
> **역사 지식**

《삼국지》는 왜 인기가 있을까?

《삼국지》를 세 번 이상 읽지 않은 사람과는 상대를 하지 말라는 말, 삼국지를 세 번 읽은 사람은 만만히 보지 말라는 말이 있을 정도로《삼국지》는 동양 최고의 고전이자 필독서예요.

우리가 흔히 말하는《삼국지》의 정확한 책 이름은 중국 원나라 때 나관중이 쓴 소설《삼국지연의》예요. 삼국 시대 직후인 진나라 때 진수가 쓴《삼국지》는 역사책이고요.

조조, 유비, 손권이 세운 위, 촉, 오 삼국의 역사는 나관중이《삼국지연의》를 쓰기 전부터 이미 사람들 사이에서는 인기가 많은 얘깃거리였어요. 민담이나 설화로 널리 퍼져 있었고, 연극도 하고, 장터에 모인 사람들에게 들려주면서 먹고사는 이야기꾼도 있었으니까요. 이런 삼국의 이야기를 나관중이 잘 정리해《삼국지연의》로 펴낸 것이지요.

《삼국지연의》가 인기가 있는 것은 세상살이와 인간의 많은 모습을 담고 있기 때문이에요. 기쁨과 슬픔, 노여움과 즐거움, 세상만사, 인간관계, 세상을 살아가는 지혜, 인간이 지켜야 할 도리 등이 모두 담겨 있어요. 이만큼 지혜를 풍부하게 담고 있고, 인간을 깊이 있게 이해시켜 주는 소설은 없다고 할 정도지요. 또《삼국지연의》는 분량도 굉장히 길어서 역사상 가장 쪽수가 많은 소설 10위에 올랐을 정도라고 해요.

많고 많은 영웅 중에 유비가 왜 주인공이 되었을까?

조조는 많은 인재와 넓은 땅, 황제까지 품었던 최고의 권력자였고, 손권은 기반이 튼튼한 손씨 가문을 이어받아 강한 나라를 세울 수 있었지요. 그에 반해 가장 세력이 약하고 가난한 인물인 유비가 《삼국지》의 주인공이 된 이유는, 수많은 시련을 겪으면서도 인내와 용기로 고난을 넘어서 자신의 길을 개척했기 때문이에요. 유비는 눈앞의 이익을 좇지 않고 인의(사람의 도리)를 중요하게 여기면서 어떤 사람이라도 귀하게 여겼지요.

또한 황제를 가두고 위협한 조조, 야심을 품고 옥새를 챙긴 손책과는 다르게, 유비는 한나라 황실의 후손이라는 정통성을 갖고 있었다는 점도 중요해요. 이런 이유로, 《삼국지연의》가 쓰이기 전부터 유비는 중국에서 착하고 어진 영웅으로 존경을 받고 있었어요.

《삼국지》에 나오는 우리 역사

진수가 쓴 《삼국지》는 〈위지〉 30권, 〈촉지〉 15권, 〈오지〉 20권으로 구성되어 있어요. 이 가운데 〈위지〉에 '동이전'이 나와요. 동이(東夷)는 중국에서 동쪽에 사는 민족을 가리키는 말이에요.

'동이전'에는 부여와 고구려 등 우리나라의 옛 역사도 기록되어 있어요. 고구려의 동명왕 탄생 설화와 혼인 풍속, 부여의 순장 풍습, 옥저와 마한, 진한, 변한 등의 풍습과 특산물, 경제생활 등도 자세히 기록되어 있지요. 한반도의 고대 역사를 연구하는 데 중요한 자료랍니다.

문해력 쏙쏙
사자성어

간뇌도지(肝腦塗地)

간과 뇌가 흙과 범벅이 될 정도로 희생한다는 뜻. 조운이 유비의 아들 아두를 목숨을 걸고 구해 오자, 유비는 아두를 땅바닥에 내팽개치면서 조운의 목숨이 아들보다 소중하다고 말한다. 조운은 감동해 이 말을 하며 충성을 약속한다.

> **예문** 나는 만약 전쟁이 일어난다면 '간뇌도지'로 나라를 위해 목숨을 바칠 거야.

고육지책(苦肉之策)

어려운 상태를 벗어나기 위해서는 어쩔 수 없이 제 몸을 괴롭히면서까지 방책을 꾸민다는 뜻. 강동의 나이 많은 장수 황개가 조조를 속이기 위해 주유에게 자기에게 곤장 100대를 때려 달라고 한 일에서 생긴 말이다.

> **예문** 우리 가게가 장사가 너무 안 되어서 '고육지책'으로 떡볶이를 반값에 팔기로 했어.

강노지말(强弩之末)

아무리 강한 화살이라고 해도 마지막에는 힘이 떨어져 부드러운 비단조차 구멍을 뚫지 못한다는 뜻. 제갈량이 손권을 찾아가 조조와 전쟁을 하라고 설득하면서 조조 군의 기세를 이렇게 표현했다.

> **예문** 우리가 결승에서 만난 상대 축구팀은 지금 '강노지말'이야.

수인사대천명(修人事待天命)

사람으로서 할 수 있는 일은 무엇이든 최선을 다한 뒤에, 하늘의 뜻을 받아들여야 한다는 뜻. 관우가 조조를 놓아주고 돌아오자, 제갈량은 자신이 할 일은 다 했고, 조조의 생사는 하늘에 맡길 수밖에 없다는 뜻으로 이 말을 했다.

> **예문** 이번 시험에서 나는 진짜 최선을 다했어. 이제 '수인사대천명'으로 결과를 기다릴 수밖에 없지.

레벨업 문해력

※ 다음 글을 읽고 질문에 답해 보세요.

조조를 살려 준 관우

"크하하, 크하하하!"

조조는 또다시 정신이 나간 듯 웃음을 터트렸어. 장수들과 군사들은 이제 그 웃음소리가 소름끼칠 지경이었지.

"승상, 왜 웃으십니까?"

"하하! 어찌 웃지 않고 배길 수가 있겠는가? 제갈량이 이곳에 군사들을 숨겨 두지 않았다는 것이 우습지 않으냐? 여기라면 천하의 조조라도 꼼짝하지 못하고 사로잡히고 말 텐데!"

조조는 제갈량의 지혜가 그리 대단한 건 아닌 것 같다며 코웃음 쳤어.

"와아아아아!"

갑자기 산을 무너뜨릴 듯한 소리가 나더니, 사방에서 수천 명의 군사가 함성을 지르며 달려 나왔지. 그리고 조조의 앞으로 적토마를 탄 관우가 나타났어. (중략)

"아아, 나는 이제 정말로 끝이로구나!"

조조는 하늘을 우러러 (㉠)하고는 모든 걸 체념한 듯 고개를 떨구었어. (중략)

"운장, 내게 조금이라도 은혜를 입었다고 생각한다면 그 정을 생각해 제발 나를 돌려보내 주시오." (중략)

"㉠……."

관우는 눈을 감은 채 멈칫했어. 그토록 당당하던 조조가 고개를 숙이고 눈물을 흘리는 것을 보니 도저히 벨 수가 없었어.

"……가시오."

"나를 살려 주는 거요?"

"내 마음이 변하기 전에 어서 가시오!"

관우는 눈을 감은 채 말 머리를 돌려 버렸어.

그 순간 조조는 잽싸게 도망쳤지.

1. ㉠에 들어갈 낱말에 알맞은 것은 무엇일까요? ( )

   ① 기뻐 ② 천식 ③ 호탕 ④ 탄식

2. 이 글의 내용으로 알 수 있는 사실을 모두 고르세요. ( )

   ① 조조는 제갈량을 비웃었다.
   ② 장비는 조조를 살려 보냈다.
   ③ 조조는 관우에게 살려 달라고 애원했다.
   ④ 관우는 적토마를 타고 조조 앞에 나타났다.

3. 이 글에서 일이 일어난 차례대로 번호를 쓰세요. (- -)

   ① 조조는 관우에게 은혜를 베풀었던 이야기를 꺼냈다.

② 관우는 말 머리를 돌렸다.
③ 조조가 제갈량을 비웃을 때 관우가 나타났다.

4. 조조가 관우에게 살려 달라면서 한 말은 무엇일까요? ( )

① 운장, 여전히 적토마가 멋지구려.
② 내가 유비의 두 부인께 선물을 많이 드리지 않았소?
③ 내게 은혜를 입었다고 생각한다면 나를 살려 주시오.
④ 내 덕에 유비가 벼슬을 할 수 있었소.

5. 관우가 조조를 살려 준 이유를 알맞게 짐작한 사람은 누구일까요? ( )

① 유비 : 관우는 겁쟁이 조조를 죽이는 게 아무 소용이 없을 거라고 판단했을 거야.
② 장비 : 관우 형님은 '의'를 중요하게 여기니까, 조조에게 은혜를 입은 것이 떠올랐던 거야.

6. 관우는 조조를 살려 준 벌을 받게 됩니다. 관우에게 어떤 벌이 내려지는지 앞에서 읽었던 글을 기억해서 써 보세요.

(1) 제갈량은 관우에게 _____

(2) 그러자 유비는 제갈량에게 _____

정답 1.④ 2.①,③ 4 3.③-①-② 4.③ 5.② 6.(1) 목을 베겠다고 했다. (2) 관우를 용서해 달라고 했다.

✿ 삼국지 배경 지도 ✿